Olf, bes, kimmel, dollar, hei ...

Handwörterbuch der Münsterschen Masematte

von Klaus Siewert

in Zusammenarbeit mit den letzten alten Sprechern

und den Mitgliedern der Projektgruppe Masematte

Waxmann Münster / New York

Die Deutsche Bibliothek - CIP-Einheitsaufnahme

Siewert, Klaus:
Olf, bes kimmel, dollar, hei ... : Handwörterbuch der Münsterschen Masematte / von Klaus Siewert. In Zusammenarbeit mit den letzten alten Sprechern und den Mitgliedern der Projektgruppe Masematte. - Münster ; New York : Waxmann, 1993
ISBN 3-89325-159-6
NE: HST

2. Auflage 1996

ISBN 3-89325-159-6

Postfach 8603, 48046 Münster, F.R.G.
Waxmann Publishing Co.
P.O. Box 1318, New York, NY 10028, U.S.A.

Satz: druckreif, Münster
Druck: Druckwerkstatt, Münster

Münster

zum 1200. Geburtstag

VORWORT

Das Handwörterbuch der Münsterschen Masematte ist die populäre Fassung des in Arbeit befindlichen wissenschaftlichen Wörterbuchs der Masematte. Es will dem allgemeinen Interesse an einem einfachen, für jedermann zugänglichen Lexikon der Münsterschen Sondersprache entgegenkommen.

Die Wörter und die dazu gegebenen Informationen sind aus der Datenbank des wissenschaftlichen Wörterbuchs Masematte bezogen. Damit ist auch für die populäre Fassung eine solide Grundlage gegeben. Alle Daten gründen auf den Quellen: entweder sind die Wörter durch Direktbefragung der letzten alten Sprecher gewonnen worden, oder sie sind in den schriftlichen Masemattetexten belegt. Im Hinblick auf die verzeichneten Wörter ist das Handwörterbuch (nach dem heutigen Stand) vollständig, um vieles andere (zum Beispiel Schreibvarianten, Quellennachweise, Etymologien et cetera) ist es hingegen gekürzt.

In der Einleitung wird dem Leser ein "Steckbrief Masematte" an die Hand gegeben, der die wichtigsten Informationen zur Sache enthält. Es folgen einige kurze Notizen zum Aufbau und Inhalt der Wörterbuchartikel und zum Wortschatz. Dem eigentlichen Lexikon schließt sich ein "Gegenglossar" an, das die Aufschlüsselung des Masemattewortschatzes von der Allgemeinsprache her erlaubt. Abschließend werden einige ausgewählte Literaturhinweise gegeben.

Wie immer halfen bei dem Zustandekommen dieses Buches die Mitglieder meiner 'Projektgruppe Masematte': Mirka Dickel, Marc Hoch, Karolin Marhencke, Frauke Plate, Dorothée Verführth und Thorsten Weiland. Bei der Erörterung von Sachfragen waren außerdem Hartwig Franke M.A./Münster, Dr. Hans Taubken/Münster und Dr. József Vekerdi/Budapest beteiligt. Hartwig Franke und Birgitta Stratmann wirkten bei der Durchsicht des Manuskripts und bei der Erstellung des Gegenglossars mit. Hanna Schön half bei der Vermittlung von Sprecherkontakten.

Besonderer Dank gilt schließlich den alten Sprechern, durch deren Auskunftsbereitschaft zahlreiche Wörter gesichert werden konnten, die in keinem der schriftlichen Texte belegt sind und die mit dem Dahingehen der alten Sprecher wohl für immer verloren gewesen wären.

Die Befragung der letzten echten Sprecher ist durch die Stadt Münster (Kulturamt) finanziell unterstützt worden. Weitere Unterstützung gewährten die Firmen Armstrong World Industries und GAD - Gesellschaft für automatische Datenverarbeitung eG, Münster.

Klaus Siewert

Münster, Neujahr 1993

INHALT

I. STECKBRIEF MASEMATTE

Name:	von hebräisch masa'umatán 'Verhandlung, Geschäft'.
Entstehung:	zweite Hälfte des 19. Jahrhunderts.
Untergang:	Ende des Zweiten Weltkriegs. Zerstörung der Sprecherviertel; Verstreuung, Verschleppung oder Vernichtung großer Teile der Sprechergemeinschaft (Juden, Sinti, Roma).
Sprecher:	Männer (selten auch Frauen).
Sprecherberufe:	mobile Händler und Gewerbetreibende, besonders Viehhändler, Pferdehändler (darunter viele Juden und Sinti/Roma).
Sprachgebiet:	vor allem vier Sprecherviertel in der Stadt Münster: Kuhviertel (Tasche, Brink und Ribbergasse), Sonnenstraßenviertel, Pluggendorf, Klein-Muffi.
Sprechsituationen:	beim Handel und Geschäft auf Märkten, in den Straßen, auf Baustellen, in Kneipen und anderen Nischen der Männerwelt.
Sprachliche Existenzform:	nur mündlich. Geschriebene Masematte erst ab dem Ende des Zweiten Weltkriegs (ältestes Schriftstück aus dem Jahre 1946).

Sprachtyp: Sondersprache: "3. Sprache" Münsters neben Mundart (niederdeutsch/westfälisch) und "Allgemeinsprache" (Hochsprache, Umgangssprache). Früher geringgeschätzt (*boofkenrakawehle* 'Sprache der sozial Schwachen').

Funktion: (ursprünglich) Geheimsprache.

Wortschatz: wesentlich durch jüdischdeutsches (westjiddisches), zigeunersprachliches und rotwelsches Vokabular geprägt.

Verwandtschaft: mit anderen sogenannten "Rotwelsch-Dialekten" (Sondersprachen) des deutschen Sprachgebiets und benachbarten Viehhändlersprachen (zum Beispiel in Hamm, Beckum, Oelde), vor allem aber mit dem westfälischen Jüdischdeutsch.

Weiterleben der Masematte:

- in einzelnen, heute allgemein verbreiteten Wörtern der Umgangssprache, zum Beispiel *jovel, schofel, kaline, heiermann, leeze,*
- in Namen für Waren, Kneipen, Geschäfte, Diskotheken et cetera (zum Beispiel *Jovel*, *Lila Leeze*),
- in einzelnen erstarrten Sätzen der Szenesprache (*Was schmust der osnik?*),
- in Texten der Lokalpresse und der Dichtung,

- als gesprochene Sprache nur in beschränktem Maße unter echten alten Sprechern, sozial schwachen Jugendlichen, Schülern, in bestimmten Berufsgruppen (zum Beispiel Bauarbeiter, Taxifahrer), auf der Bühne, in der Bütt.

Wissenschaftliche Forschung: seit 1988 durch die "Projektgruppe Masematte": Dokumentation und Edition der schriftlichen Quellen, Aufbau eines Tonarchivs, Befragung der letzten echten Sprecher.

WANTED!

Unbekannte Texte, neue Wörter und alte Sprecher.*

* Meldungen an die Projektgruppe Masematte - Dr. Klaus Siewert - Jessingstraße 6, Münster/Westfalen.

II. BENUTZERHINWEISE

Wörterbuchartikel

Das kleine Lexikon der Masematte ist gemäß seiner Bestimmung als populäre, für jedermann benutzbare Form eines Wörterbuchs um viele Daten erleichtert worden, die von einer wissenschaftlichen Fassung erwartet würden. Der Wortbestand als solcher wird aber auch in dieser populären Fassung so vollständig wie möglich wiedergegeben.

Das am Anfang eines jeden Lexikonartikels stehende Masemattestichwort ist die in den Texten am häufigsten auftretende Form der Schreibung des Wortes, zum Beispiel *anim*. Andere in den Texten vorkommende Schreibvarianten (*aniem, arnim, hanniem, hanniehm*) werden nicht mit aufgeführt. Besonders signifikante Wort- oder Lautvarianten (zum Beispiel *beschen/böschen*; *bohei/buhei; hame/hamel; bendine/medine*) sind hingegen vermerkt. Die Masemattewörter werden generell kleingeschrieben. Hier ist dem Irrtum vorzubeugen, in dem jeweils abgedruckten Masemattewort die "richtige" Schreibform sehen zu wollen: Da die Masematte keine Rechtschreibung kennt, gibt es in der Regel mehrere Schreibvarianten desselben Wortes, nicht aber "richtige" oder "falsche" Schreibung. Durch alte Sprecher vermittelte, in den Texten nicht belegte Masemattewörter sind nach der von den Primärsprechern gewählten Schreibweise wiedergegeben.

Die Reihenfolge der Stichwörter ist streng alphabetisch. Auf Verweise, die die Zusammengehörigkeit von Wörtern kennzeichnen, wird verzichtet. Hierfür wie für alles Weitergehende ist auf die wissenschaftliche Ausgabe zurückzugreifen. So verzichtet das Handwörterbuch auch auf Angaben zur Etymologie. Für Fragen dieser Art sind laufende Untersuchungen zur Herkunft der Masemattewörter aus dem Hebräischen, Rotwelschen und dem Sintes/Romanes abzuwarten. Frühere Ansätze einer etymologischen Einordnung des Masemattewortschatzes (STRUNGE/

KASSENBROCK, S. 77-135) konnten nicht übernommen werden, da sie in vielen Fällen nicht zutreffen.

Grammatische Informationen zum Stichwort (Wortart) können dem Lexikon indirekt - über das Übersetzungswort - entnommen werden. Gegebenenfalls sind dem Masemattewort weitere Informationen beigegeben. Die Kürzel M(askulinum), F(emininum), N(eutrum) stellen beispielsweise klar, mit welchem Artikel sich das betreffende Wort verbindet. (?) signalisiert diesbezügliche Unsicherheiten. Pl(ural) zeigt ein in der Mehrzahl stehendes Wort an.

Die Bedeutungsangaben geben die übliche Bedeutung des betreffenden Wortes wieder. In allen Fällen sind sie von den alten Masemattesprechern überprüft worden. Spezielle Bedeutungsangaben (zum Beispiel *lapane* ‘Schaumlöffel’) und Wortfelddifferenzierungen (zum Beispiel ‘übler Kerl’ bei den Bezeichnungen für Männer) sind ebenfalls durch die Primärsprecher verbürgt. Darüber hinaus sind viele der Unsicherheiten, die die schriftlichen Quellen mit sich bringen, durch die alten Sprecher ausgeräumt worden (zum Beispiel *wahli* in einer handschriftlichen Wörterliste: *Flasche* - alter Sprecher: “einer, der in eine Clique will, es aber noch nicht geschafft hat”, also ist mit *Flasche* ‘Versager’ gemeint).

Nach den Bedeutungsangaben enthält der Wörterbuchartikel gegebenenfalls Beispiele für typische Verbindungen oder Wendungen, in die das betreffende Stichwort eintritt. Das Vorkommen der Wörter in den Texten ist aus den Editionen der schriftlichen Masematte zu ersehen (sieh unten, Literaturhinweise). Zahlreiche der in diesem Lexikon aufgeführten Masemattewörter kommen in den Texten nicht vor. Sie sind bei der Befragung der alten Sprecher gewonnen worden (im Tonträgerarchiv der Projektgruppe Masematte).

Wortschatz

Neben dem sondersprachlichen "Kernwortschatz" der Masematte, der sich nach den geschichtlichen Bedingungen dieser Sondersprache vor allem in den Wörtern jüdischdeutscher, rotwelscher und zigeunersprachlicher Herkunft zeigt, nimmt das Lexikon auch solche Wörter auf, die aus der westfälischen Mundart und der Umgangssprache stammen, und zwar dann, wenn das jeweilige Wort nach dem Zeugnis der Quellen in der Sprachwirklichkeit der Masematte einen festen Platz hatte, zum Beispiel *knäbbel, knierfte, strotte* etc. (sogenannter "lexikalischer Nahbereich"). Ferner werden moderne Neubildungen aus sondersprachlichen Kernwörtern und andere masemattetypische Wortbildungen sowie Namen (im Anhang) mitaufgenommen.

Der in das Lexikon aufgenommene Wortschatz läßt sich nach folgenden Worttypen untergliedern:

a. Sondersprachliche Kernwörter. Historisch gesehen bilden sie die älteste Schicht des Masemattewortschatzes. Sprachlich sind es "Fremdwörter" aus dem Jüdischdeutschen, Rotwelschen und dem Sintes/Romanes (Zigeunersprachen). Im Gegensatz zu den modernen Neubildungen (b) sind sie inhaltlich an die sozialhistorischen Gegebenheiten der alten Masemattezeit gebunden.
Beispiele: *zossen* 'Pferd', *zossenboser* 'Pferdefleisch', *zossenpegeler* 'Pferdeschlächter'.

b. Moderne Neubildungen, die ganz oder teilweise aus Wörtern des Kernwortschatzes gebildet sind. Sie sind leicht daran erkennbar, daß ihre Inhalte aus der Lebenswirklichkeit der alten Masemattezeit herausfallen. In vielen Fällen bezeichnen sie Dinge, die es damals noch gar nicht gegeben hat.
Beispiele: *fitnesskabache* 'Fitness-Studio', *wuddibeis* 'Parkhaus', *rackewelenzerche* 'Sprachwissenschaft'.

c. Wörter aus der Umgangssprache und der westfälischen Mundart, sofern sie durch die Quellen als masemattetypisch ausgewiesen sind. Dabei ist die Entscheidung über die Aufnahme eines Wortes aus diesem "lexikalischen Nahbereich" von weiteren Kriterien abhängig gemacht worden (inhaltliche Stimmigkeit, Verhältnis zum Kernwortschatz).

Beispiele:
piene 'Schmerz', *strotte* 'Kehle', *döppen* 'Augen', *plümpsen* 'baden', *schmarrer* 'Arzt' (westfälisch); *abknöppen* 'abschwatzen', *klunker* 'Edelstein' (umgangssprachlich).
Beispiele für Nicht-Aufnahme:
knast (umgangssprachlich), wegen zahlreicher Wörter für 'Gefängnis' im Kernwortschatz der Masematte, so auch: *besengt* 'verrückt', *antigern* 'kommen', *berappen* 'bezahlen' et cetera.

d. Scherzbildungen aus allgemeinsprachlichen Wörtern, wenn sie in den Quellen bezeugt sind und originellen Charakter haben.
Beispiele:
nuttendiesel 'Parfum', *nasenbleiche* 'Entziehungskur', *semmeltechniker* 'Bäcker', *sesselpuper* 'Beamter', *murmelschuppen* 'Kirche', *pöbeltaxi* 'Bus', *proletenbagger* 'Aufzug (Paternoster)'.

e. Masemattetypische Personennamen und Ortsnamen
Beispiele:
Personennamen: *Fänti, Ete* (Rufnamen); *Lallizom* 'Hinkebein' (Übername, Spitzname); *Masminenpünte* 'Schuhkahn', für das Café Schucan in Münster (Familiennamenübersetzung, volksetymologisch). - Ortsnamen: *Muffi, Mochum*, Masematte-Viertel; *Monte Scherbelino*, Müllkippe in Coerde bei Münster (scherzhafte Namenbildung); *Gelsentiftel*, Gelsenkirchen (Ortsnamenübersetzung); *Lorenzstrehle*, Sonnenstraße in Münster (Straßennamenübersetzung, volksetymologisch).

Schließlich ist noch auf folgendes hinzuweisen: Die in diesem Handwörterbuch abgedruckte Wortsammlung der Masematte ist auf größtmögliche Vollständigkeit und ein Höchstmaß an Quellensicherheit angelegt. Doch ist zu sehen, daß absolute Vollständigkeit nach Lage der Dinge heute kaum mehr erreichbar sein wird. Auch ist die Quellensicherheit der Belege im einzelnen unterschiedlich: Im Blick auf den alten Kernwortschatz der Masematte hängt hier alles an den alten Sprechern. Deren mit zunehmendem Abstand zur aktiven Masemattezeit allmählich versiegende Sprachkompetenz, Gedächtnislücken einschließlich ungewollter Irrtümer setzen der Erinnerungsarbeit Grenzen und führen hier und da zu Unsicherheiten. Hinzu kommt, daß selbst die ursprüngliche Kompetenz der alten Sprecher nach der jeweils unterschiedlichen Teilhabe am Wortschatz der Masematte uneinheitlich gewesen ist.

Auf der anderen Seite ist zu beobachten, daß die modernen Masemattetexter aus alten Masemattewörtern immer neue Wortschöpfungen hervorbringen. Hier ist auch weiterhin eine Erweiterung des Wortschatzes zu erwarten.

Diese Wortsammlung darf also aus mehreren Gründen nicht als abgeschlossen betrachtet werden: die Wortbildungsaktivitäten der heutigen Masemattetexter sind das eine. Wichtiger, weil ungleich wertvoller, ist das andere: die weiterlaufenden Befragungen der alten Sprecher werden wahrscheinlich noch manches unbekannte Masemattewort ans Licht bringen. Vielleicht werden die alten Sprecher auch noch den einen oder anderen Zweifelsfall klären können, vielleicht werden sie neue Fragen schaffen. Damit sind die Grenzen, aber auch die Möglichkeiten künftiger Arbeiten am Wortschatz der Masematte angedeutet.

III. MASEMATTE-LEXIKON

A

abböschen
weggehen, wegfahren

abburken
abschneiden

abdellen
abschlagen

abkneistern
abgucken

abknöppen
abschwatzen

abmanschen
abklappern

abmeiern
Pleite machen, sterben

abnabbeln
ausnehmen; koitieren, küssen

abpeseln
fortlaufen, davonlaufen

absäbeln
abschneiden

abschäft
(M)
Abgang
den abschäft machen
abhauen

abstucken
blankmachen, (Mörtelreste) abschlagen, abstauben

abteilungsseegers
(M)
Abteilungsleiter

achile
(F)
Essen
olf schofeles jarriken vermasselt die ganze achile
ein faules Ei verdirbt den ganzen Brei

achile- und lowinebeis
(N)
Restaurant

achilen,* auch: *acheln
essen, fressen

achilerei
(F)
Esserei

äppelschoren
(N)
Äpfelstehlen

alsche
(F)
(Ehe-)Frau, Mutter, Alte

amateurmispel
(F)
Hilfspolizei

ambach
dort, da, los, hier
schwer was ambach sein
sehr viel los sein
du masselfreier bis ambach, ömmes
du Glückspilz bist dabei, klarer Fall

aneite
(F)
Mädchen, Freundin

anim
(N)
Mädchen, Frau
toftes anim, kurantes anim
schönes, hübsches Mädchen

animchen
(N)
kleines Mädchen

ankneistern
betrachten

ankratze
(F)
Anzahlung

anlabern
anquatschen, anreden

anmaimeln
anpinkeln, beschimpfen, reizen

anmalochen
anbiedern

anmanschen
anbetteln

anmiegen
anpinkeln

anpeseln
heranlaufen

anreunen
ansehen, anstarren

ansabbeln
ansprechen

anschäften
herankommen

anschickern
(sich einen) antrinken

anschmergeln
anlächeln

anteilachen
herbeikommen, hinlaufen, ankommen

asse
(F)
Ball, Hoden, Penis

assemakeimer
(M)
Fußballspieler
rackewele von die assemakeimers
Fußballersprache

ast
(M)
Schulter, Buckel, Buckliger
auf'n ast nehmen
auf die Schulter nehmen

ausbaldowerie
(F)
Forschung

ausbaldowern
ausdenken, herausfinden, ausfindig machen, ausklügeln, ausloten, erkunden

ausgefircht
ausgeschlafen, clever, geschickt
sie schmusen ausgefircht
sie reden hochtrabend daher
wat ausgefirchtet
etwas Ausgefallenes

ausklamüsern
ausdenken, herausfinden,
(sich etwas) einfallen lassen

auspoofen
ausschlafen

ausroinen
aussehen
mucker ausroinen
klug, hübsch aussehen

B

bachum
(M)
Geld, Trinkgeld,
10 Pfennige

bachus
(M)
großer, starker Mann

backi
(M)
Backstein

backmann
(M)
Stein, Backstein

backs
(N)
(altes) Haus
nachn backs
nach Hause

badeplinte
(F)
Badehose

baff
erstaunt, sprachlos
baff sein
erstaunt sein

balachesen
(F, Pl.)
Geld, Groschen
die joflen balachesen
das gute Geld

balachesenfleppe
(F)
Geldschein

balachesenfreier
(M)
Geldeintreiber

balachesenpapier
(N)
Geldschein,
Zahlungsformular

balg
(M)
Leib, Körper, Haut
ein balg voll schmisse
eine Tracht Prügel

balgen
sich streiten, kämpfen (auch:
spielerisch)

bali
(N ?)
Schwein

ballen
(?, Pl.)
Haare, voller Haarschopf

ballermann
(M)
Wüstling, Waffe
einen ballermann inne
zomen haben
sehr schußstark sein

ballern
schlagen, schießen

ballsaster
(M)
Gehilfe

bambonum
(M, N)
Ärger, Lärm, Trubel, Krach

bambulenfürst
(M)
Sippenchef, Ganove

baschlo
(M)
Hahn

bassel
(M)
Ring, Kette
nen bassel up de fehme hegen
einen Ring tragen, verheiratet sein

bast
(M)
Haut
was an'n bast sagen
die Meinung sagen

bauernkaro*, auch: *bauernmaro
(N)
Bauernstulle, Brot, Schinkenbrot

bayernknäbbel
(M)
Bauer aus Bayern

bechern
trinken

bedine
(F)
(nettes) Mädchen, Wirtin

bediwwern
ansehen, anschauen

beheime
(F)
Kuh, Vieh

beis
(N)
Haus
bei beis, im beis
zuhause
beis vom könig
Schloß
beis von den minister
Ministerium
beis für wuddis
Parkhaus
nach beis
nach Hause

beisanim
(N)
Hausbewohnerin, Haushälterin, Hausmädchen

beisbewohner
(M)
Hausbewohner

beisdrachen
(M)
Hausdrachen

beisken
(N)
Häuschen, Abtritt

beismacker
(M)
Herr im Haus, Architekt

beisrol
(M)
Jude

beisseegers
(M)
Hausbesitzer

beite
(F)
Haus, Kneipe

beizen
(F, Pl.)
Eier

bekane*, auch: *bekan, pekan
in Ordnung
bekane scheften
erkunden, losziehen, abhauen
masummes bekane
Finanzen in Ordnung
ömmes bekane
klarer Fall

bekneistern
ansehen, angucken

belabern
überreden

belatschern
überreden

belgebier
(N)
Freibier, geschnorrtes Bier

belgen
schnorren

bello
(M)
dicker Stein

bemer
(M)
Groschen

bendine,* auch: *medine
(F)
Gegend, Land, Raum, Umgebung, Stadtviertel
inne bendine
draußen
schofle bendine
üble Gegend
durch die bendine böschen
durch die Gegend laufen
durche bendine peseln
durch die Gegend ziehen
kenn medine
(Erkennungsspruch von Wandergesellen)

benerbelt
dumm

berber
(M)
Stadtstreicher

bereunen
zusehen, anschauen

bereunigen
zusehen, anschauen

beribbeln
bezahlen

bermudabendine
(F)
Bermudadreieck
(sieh auch unter Namen)

bes
zwei, beide
bes mal
zweimal
jut bes
zwölf

beschen,* auch: *böschen
gehen, laufen, fahren, rennen, herumlaufen, tollen, weggehen

durch die bendine beschen
durch die Gegend laufen/ziehen
über land beschen
über Land ziehen
plete beschen, pleite beschen
wegrennen, verschwinden, weitergehen, schwinden, gehen, weglaufen, ausreißen
noch ne klodde beschen
noch ein wenig laufen
ne jovle rackewehle beschen
eine interessante Sprache pflegen

beschickert
betrunken

beschine
(F)
Pfennig, Ein-Pfennig-Stück
hei beschine
fünf Pfennig

beschollen
bezahlen

beschucken
bezahlen

beseibeler
(M)
Betrüger, Schmierfink

beseibeln
beschmutzen, bescheißen, betrügen, täuschen

besiele
(F)
Jungfrau, Kuh (die noch nicht gedeckt ist)

besolmen,* auch: *bescholmen
bezahlen

besolt
billig

bestußt
dumm, dämlich

besummen,* auch: *beschummen
bezahlen

betaogt
betrübt, dumm
mit einem betaogten ponum
mit traurigem Gesicht

bewirche
(F)
Bezahlung, Gewinn, Beute, Lohn, Geschenk

bewirchen
bekommen, verdienen, erhalten, besorgen, erreichen
das bewircht lang schotter
das bringt viel Geld
etwas bewirchen können
etwas schaffen
nix auf lau bewirchen
nichts umsonst bekommen
brassel bewirchen
Ärger bekommen

bezinnum
(?)
Wurst
end bezinnum
Stück Wurst

bibi
(M)
Hut

bicken
kaufen, einkaufen

bikinen
verkaufen

bikinianims
(N, Pl.)
Bikinimädchen

blättling
(M)
Salat

blag
(N)
Kind

blank
leer
immer ne blanke patte
kein Geld im Portemonnaie

blanko
nackt, ohne Geld, pleite

blasen
trinken
sich nen paar lowinen blasen
sich einige Biere genehmigen

blau
für nichts
blau machen
nicht zur Arbeit erscheinen, schwänzen

blechen
(be-)zahlen

blöker
(M)
Schaf

blüsen
(Pl.)
inne blüsen sein
sich aus dem Staub gemacht haben, verloren sein

bock
(M)
Lust

böhm
(M)
Zigarre

bölken
rufen, sagen, schreien

böllermann
(M)
Brocken

bönti
(M)
Brocken

bohei,* auch: *buhei, buhe
(M)
Lärm (um Nichts), Trubel, Theater

bok
(?)
Hunger

boker
(M ?)
Rind

bollerwuddi
(M)
Bollerwagen

bolzen
(M)
Kater (Tier)

boofke
(M)
Ganove, Asozialer, Strolch

boofkenrakawele
(F)
Gaunersprache, Sprache der Asozialen

bose
(F)
Fleisch

boser*, auch: *poser
(N)
Fleisch

bosse
(F)
Hose

bossmann
(M)
(minderwertige) Hose

brachmann
(M)
Brocken

brachus
(M)
großer Kerl

bräse
(F)
Toilette

bräseplinte
(F)
Knickerbocker, Höschenwindel

brammeln
murmeln, nörgeln, weinen

brand
(M)
Durst
hamel brand
großer Durst

brandig
durstig

brassel
(M)
Ärger, Trubel
brassel bewirchen
Ärger bekommen

brasseletten
(F, Pl.)
Handschellen

brast
(M)
in brast sein
ärgerlich sein
brast haben
wütend sein

brastig
wütend, ärgerlich, böse
hamel brastig
sehr vergrämt

bratmatrele
(F)
Bratkartoffel

brimborium
(N)
fauler Zauber, Theater

brokus
(M)
Ärger, Wut, Chaos

bronseln
scheißen, pinkeln

bronzelei
(F)
Mist

buchbeis
(N)
Buchhandlung

bucki
(M)
Buchmacher, Pfandleiher, Wettbüro (beim Pferderennen)

buckibeis
(N)
Verlag

bugsieren
hineinbringen

buhl
(?)
Gesäß

buhlmalocher,* auch: *buhlmalochedi
(M)
Homosexueller

buhlmalocherei
(F)
Homosexualität, homosexuelle Betätigung

buibasko
(M)
geiler Mann

buijacken
nageln, beischlafen, koitieren

buijackerei
(F)
Nageln, Geschlechtsverkehr

buijen
beischlafen, koitieren

bunke
(M)
Asozialer, Ganove, Strolch

burkamt
(N)
Arbeitsamt

burkant
(M)
Arbeitsloser

burkbeis
(N)
Arbeitsamt

burken
stempeln, drücken, stechen, hauen, schlagen, arbeiten
er kriegte hame einen geburkt
er kriegte schwer einen gewischt
sich in'n schero kaff lowinen burken
sich zwanzig Biere hinter die Binde gießen

burklobi
(N)
Stempelgeld

butlak
(M)
Hunger

C

(sieh auch unter **G-**, **K-**)

chabbor
(?)
Mädchen

challen
essen

chalo
(M)
Bauer, Kerl

chaloschickse
(F)
Bauersfrau

chamine,* auch: *kamine
(F)
Hitze, Wärme

chamm,* auch: *gamm
warm, heiß, scharf, geil
auf etwas chamm sein
auf etwas wild sein

chamme,* auch: *gamme
(F)
Hitze

chammerich,* auch: *gammerich
scharf, geil, nervös
auf etwas chammerich sein
nach etwas verrückt sein

chammin,* auch: *gammin
scharf, geil, warm
chammine keilofs
läufige Hunde

chasselmann
(M)
Schwein

chatte
(F)
(Hosen-)Tasche
chatte von seine plinte
Hosentasche
lau masumm auffe chatte
kein Geld haben

chaule
krank

chaulebeis
(N)
Krankenhaus

chaumelbeis
(N)
Puff, Bordell

chaumelker
(N)
Puff

chaumeln
Geschlechtsverkehr haben

chinneker
(N)
Toilette

choljes
(?, Pl.)
Pferdekrankheit

cholme
(F)
Hose

chonte*, auch: *chunte
(F)
Frau, Prostituierte

D

dämmerschoppenschicker-schauter
(M)
Dämmerschoppentrinker

dallasmischpoke
(F)
Dallas-Sippe

dallen
wegnehmen

dellen
schlagen
jemandem den tokus dellen
jemandem in den Hintern treten
mulo dellen
totschlagen
machulle dellen
totschlagen
kapores dellen
entzwei schlagen

dewes
(?)
Tag

dibbern
sehen, bemerken
sich kochumer dibbern
sich für klüger halten

dickbälgersippschaft
(F)
reiche Verwandtschaft

dickbalg
(M)
Reicher, bedeutender Mann, Bauer

dicken
sehen

dictus
(M)
Trunkenheit
im dictus
betrunken
im dictus sein
besoffen sein

dienstwuddi
(M)
Dienstwagen

dinnlo
verrückt

docken
drücken
die fehme docken
die Hand geben

döppen
(F, Pl.)
Augen
pani inne döppen haben
Tränen in den Augen haben
seinen döppen nicht trauen
seinen Augen nicht trauen

döppenzucken
(N)
Augenzucken

döppken
(N)
Kreisel

dohling
(M)
Hut

dollar
vier

dollar
(M)
Brille

dollarknipser
(M)
Brille, besonders: Kneifer

dollarreuniger
(M)
Brillenträger (vier Augen)

dröppelpani
(N)
Dusche, Bindemittel (für Glasurfarbe)

E

eckwinde
(F)
Pfandhaus

edelzwirn
(M)
guter Anzug, noble Kleidung

egel
(M, N)
Kalb

eichmann
(M)
Keule, Spazierstock

elof
tausend

entlangdibbern
betrachten

entlangschemmen
entlanggehen

F

fechten
betteln

feger
(M)
umtriebiger Mensch, sexuell aktive Frau

feme
(F)
Hand
die zohmen inne feme nehmen
die Beine in die Hand nehmen
die femen von den tucken lassen
die Hände von den Weibern lassen
inne feme docken
in die Hand drücken

femenmalocher
(M)
Handwerker

fez
(M)
Spaß

fiers
(M)
Stück
(ein) fiers
ein bißchen
einen fiers reunen
einen Blick werfen

figine
(F)
Täuschung, Schwindel, Schau
figine schieben
täuschen
lau oser figine
ehrlich gesagt
auf figine mimen
auf Schau machen, vortäuschen
aber nu ma ohne figine
aber nun einmal ehrlich
alles figine un magente!
alles Täuschung und Betrug!

figinebambonum
(M, N)
Lärm um nichts

figinenfreier
(M)
Aufschneider, Betrüger, Angeber

figinenköster
(M)
Aufschneider, Betrüger, Angeber; einer, der sein Handwerk versteht

figinenschieber
(M)
Aufschneider, Betrüger, Angeber

filmjölbst
(M)
Filmemacher, Mann vom Film

filmseger
(M)
Filmemacher, Mann vom Film

filzen
(?, Pl.)
Bettücher

filzen
durchsuchen (an der Grenze)

finete
(F)
Fenster

finetenwischer
(M)
Scheibenwischer

finne
(F)
Flasche, auch: Fensterglas

finzel
(M)
Sekt

fiole
(F)
Täuschung, Aufschneiderei, fauler Zauber
fiole schieben
täuschen

fiolenschieber
(M)
Angeber

fioleschieben
(N)
Mätzchen, Angeberei, Lug und Trug

fiozer
einhalb
fiozerjutolf
halb elf

fiozer schuck
50 Pfennig(-Stück)

fiozer tack
5 Pfennig(-Stück)

firche
(F)
Bett

firchen
schlafen

firchenbeis
(N)
Hotel

fircheschwere
(F)
Bettschwere

fitnesskabache
(F)
Fitnessraum

fitzkajöner
(M)
Luftikus

flachmann
(M)
flache Schnapsflasche (für die Brusttasche)

flachmannfänti
(M)
Trinker, Schnapsbruder (sieh auch unter Namen)

flattermann
(M)
Hähnchen

flemmen
Fußball spielen
nen jovlen stiefel flemmen
einen schönen Ball spielen
sich jofel einen in die eigene kiste flemmen
ein Eigentor schießen

flemmer
(M)
Fußballschuh

flemmerei
(F)
Fußballspiel

flemmverein
(M)
Fußballverein

flender
(M)
Durchfall, Hansdampf

flennen
weinen

fleppe*, auch: *flebbe
(F)
Papier, Buch, Brief, Ausweis, Führerschein
die fleppen krallen
den Führerschein einziehen

fliegerrandale
(F)
Fliegeralarm

flunken
(M)
Flügel, (steifes) Bein, auch: Zweideutigkeit

fluppe
(F)
Zigarette

frallermänner
(M, Pl.)
Steine, Schutt

freier
(M)
Mann, Kerl, Freund

frengelei*, auch: *frengelage
(F)
Esserei

frengeln
essen

fridadeuse
(F)
Frikadelle

frinsel
(M)
Verehrer

frühstücksknierfte
(F)
Frühstücksbrot

fuge
(F)
Gefängnis, Nische, Vagina

fugenmalocher
(M)
Maurer, Fuger, Ersatzmann

fusel
(M)
Alkohol, Schnaps

fuselbeis
(N)
Wirtshaus, Gastwirtschaft

fußballflemmen
(N)
Fußballspielen

futt
(F)
Vagina, Hintern, auch: Frau, Mädchen
Is dat deine ische? Laß mich mit die futt ma scherbeln
Ist das deine Freundin? Laß mich mit dem Mädchen einmal tanzen

futtfegen
rührig sein, Unruhe verbreiten
die alsche war im beis am futtfegen
die Frau wirbelte im Haus herum

futtfeger
(M)
geschäftige Frau

futtfinger
(M, Pl.)
Stinkefinger, dreckige Finger

G
(sieh auch **Ch-, K-**)

gallach
(M)
Priester, Pfarrer
maschores vonne gallachs
Bischof

gallachstudiker
(M)
Student der Theologie

gammeln
schlafen, koitieren

gammelfreier
(M)
Taugenichts

gammet
(?)
Schwein

gannef
(M)
Dieb

gannefen
stehlen

ganti
(F)
Gans

gartenmalocherskowe
(F)
Gartenkluft

gasseln
heiraten
mit jemandem gasseln gehen
jemanden heiraten

gasselbassel
(M)
Ehering

gasselmann
(M)
Freier, Bräutigam

gatschi
(M)
Bauer

gatschirakewehle
(F)
Volkssprache

gattig
gierig, überteuert

gefriemelte
(F)
selbstgedrehte Zigarette

geitling
(M)
Fingerring, Spatz

gemme
(F)
Butter

genmänglowiererei
(F)
Gentechnologie

georginen
(F, Pl.)
Blumen

geschäftsjölbst
(M)
Geschäftsmann

geschmuse
(N)
Gerede

geseires
(N)
Geschwätz

geue*, auch: *goie
Dame, (alte) Frau, Mädchen

gigger
lahm

ginne
(F)
Mädchen, Frau

gitte,* auch: *chitte
(F)
Hosen-, Jackentasche,
Fenster

gleis
(?)
Pferdekrankheit

glitzerfummel
(M)
Galaanzug, festliches Kleid

glitzerkaftan
(M)
Galaanzug

gnego
(M)
Geizhals

gnesig
geizig, besserwisserisch

göbeln
sich erbrechen

gollof
(M ?)
Milch

golme
(F)
Hose, Stock, Penis

gosche
(F)
Mund

granigen
(M)
Gefängnis

grei
Pferd

grell
bissig

grünachile
(F)
Rohkost, Salat

gruppenschwoof
(M)
Gruppentanz

gurke
(F)
Bordell
auf die gurke gehen
ins Bordell gehen

H

hacho
(M)
Bauer, übler Kerl (als Schimpfwort)

hachokatschemme
(F)
Bauernkneipe, üble Kneipe

hänschenkochum
(M)
Schlauberger, Naseweis (sieh auch unter Namen)

halbkarötter
(M)
Aufschneider, Pleitegeier

hallas
(M)
Ärger, Theater (im übertragenen Sinne)
hamel hallas machen
viel Staub aufwirbeln, Ärger bereiten

hallasvogel
(M)
Draufgänger

hamel*, auch: *hame
sehr, groß, viel
hamel brand
großer Durst
hamel more
große Anst
hamel stoof
großer Ärger
hamel reibach bei lowi
Reichtum
hamel lowi viel
Geld
hamel jovler seeger
ganz toller Mann
nen hamel toften seeger
ein sehr feiner Kerl
hamel maloche
Fleiß
hamel piene
starke Schmerzen
hamel rof
schrecklicher Hunger
hamel macke
sehr viel, ein ordentliches Stück
hamel bambonum
schwer was los, viel Ärger
hamel korant
bezaubernd schön
hamel jovel
wunderschön
hamel mucker
hellwach, sehr schlau
hamel jackes
überteuert
hamel geschickert
schwer getrunken
hamel rochus hegen
sehr wütend sein
hamel einen an der malme haben
sehr große Schulden haben
hamel am schanägeln sein
hart arbeiten
hamel hallas machen
viel Staub aufwirbeln
hamel schlag haben
gut ankommen bei jemandem, einen Stein im Brett haben

hamel muffe haben
große Angst haben
einen hamen strang anne malme haben
viele Schulden, viel angeschrieben haben

hassel
(M)
Reifen (Vorderrad vom Fahrrad als Spielzeug), Fahrrad

hegel
(M)
Mann, Kerl

hegen
haben, pflegen, besitzen, besorgen
hamel jontef hegen
sich sehr freuen
hamel rochus hegen
sehr wütend sein
ne jofle kowe hegen
gut gekleidet sein
keine zerche hegen
keine Ahnung haben
massel hegen
Glück haben

hei
fünf
hei beschine
Fünf-Pfennig-Stück, fünf Pfennig

heib
(M)
Stück
kein heib schauwer
kein bißchen besser
kein heib zerche
kein bißchen Ahnung

heiermann
(M)
Fünfmarkstück

heiers
(Pl.)
Zähne

heitack
(M)
Fünfzigpfennigstück

helaubeis
(N)
Karnevalskneipe

hennig
schnell, pfiffig

hentas
(?)
Bein

heranteilachen
herankommen

herauftippeln
hinaufgehen

herausbeschen
herausspringen

herausschemmen
herausgehen

hereinbeschen
hineingehen

hereindibbern
gucken, einsehen

hereinmeimeln
hereinregnen

hereinschemmen
hereinlaufen,
hereinkommen

hereinscherbeln
hereintanzen

hereinteilachen
hereingehen

hermuckern
herhören

herteilachen
herkommen

herüberreunen
herübersehen

herumbeschen
herumlaufen, durch die
Gegend ziehen

herummänglowieren
sich an etwas zu schaffen
machen, herumbasteln

herumscharwenzeln
herumturteln, herumlaufen

herumstrunzen
angeben

herumteilachen
herumlaufen

hessich
(M)
Schaden, Verlust

hinscheften
hingehen
nach'm beis hinscheften
nach Hause gehen

hinschemmen
hingehen

hinteilachen
hingehen

hochzeitsachile
(F)
Hochzeitsessen

holzhackermacker
(M)
Holzhacker, Waldarbeiter

hügen
betteln, sparen, anpumpen
auf lauscheppe hügen
schnorren

hügerei
(F)
Schnorrerei

hugo
(M)
Zigarettenkippe

hundebräse
(F)
Hundeklo

hundeschautermann
(M)
Hundehalter

hundeschickse
(F)
Hundehalterin

husche
(F)
Polizei, Häscher

huschmann
(M)
Polizist

I

ibber
blind

ische
(F)
Frau, Mädchen, Nutte

ischenpoussierer
(M)
Weiberheld, Casanova

isse
(F)
Ziege

itakerschickse
(F)
Italienerin

J

jack
(M)
Feuer, Trumpf (beim Kartenspiel)
dell mi jack
gib mir Feuer

jackes
teuer, gut
wat jackes sein
recht teuer sein

jackis
(Pl.)
Münzen, (Klein-)Geld, Augen
jackis auf chitte
Kleingeld in der Tasche

jannagel
(M, N)
Gesindel

jariken
(N)
Ei, Hoden
vom jucholo die jarikes makeimen lassen

sich vom Hund in die Eier beißen lassen

jasken
herumrennen

jauker
teuer

jebbero
(N)
(Wild-)Kaninchen

jenne
(F)
Bart
die rakawele hat 'ne hame jenne
die Sache hat einen Bart

jennikes
(N, Pl.)
Jahre

jif
(M)
Zigarettenkippe, Schnee

jöl
(N)
Maul, Gesicht
was auf's jöl dellen
was auf's Maul hauen

jölbst
(M)
Mann, Kerl (komischer, schlechtaussehender)

jole
(F)
Wagen, Auto

jontef
(M)
Spaß
hamel jontef hegen
sich sehr freuen
hamel jontef haben
sich gut amüsieren
lau jontef verstehen
keinen Spaß verstehen
ne klodde jontef hegen
Interesse haben
den jontef mulo makeimen
Spaß verderben

jori
(M)
Schwanz, Penis

jorimann
(M)
Schwanz, Penis

jovel
schön, gut
hamel jovel
wunderschön, schwer in Ordnung
die jovlen balachesen
das gute Geld
immer jovel am malochen
immer schön amArbeiten
eine jovle macke mast
ein ordentliches Stück Speck
jovler körning
ein schöner Busen
jovel am picheln sein
ausgiebig trinken
jovlen rochus haben
ganz schön in Rage sein
nicks jovel
keine Lösung

jovelino
bestens

jucheln*, auch: *juckeln
fahren
mit der leeze jucheln
mit dem Fahrrad fahren

juchelo*, auch: *jucholo
(M)
Hund, feiger Kerl
Vom juchelo die jarikes makeimen lassen
sich vom Hund in die Eier beißen lassen

jucholosbräseecke
(F)
Hundetoilette

jülle
(F)
Jauche

jütermann
(M)
Zehnmarkschein

juhlepani
(N)
schmutziges Wasser, Jauche

jukelo
bestußt

jumpfermann,* auch: *jungfermann
(M)
Tasche, Portemonnaie
keinen tacken auf'n jumpfermann haben
keinen Groschen in der Tasche haben
moos im jumpfermann haben
Geld (in der Tasche) haben

junggesellenkabache
(F)
Junggesellenbude

jut
zehn
jut mal
zehn mal

jutbes
zwölf

juthei
fünfzehn

jutolf
elf
fiozerjutolf
halb elf

jutzig
elf

K

(sieh auch unter **Ch-**, **G-**)

kabache
(F)
Hütte, baufälliges Haus, Baracke

kabane
(F)
Uhr

kabinettsmischpoke
Ministerrunde

kabuff
(N)
Bude, Verschlag, Zimmer, Stall

kachelin
(N)
Huhn
besser 'nen kachelin inne feme als nen schummen geier aufm beis

besser einen Spatz in der Hand als eine Taube auf dem Dach

kachelinbeis
(N)
Hühnerstall

kachelinchen
(N)
Küken

kachelinstall
(M)
Hühnerstall

kaduck
still

käfterken
(N)
kleines Zimmer

käsezachen
(M)
Käsemesser

kaff
zwanzig
kaff beschinen
zwanzig Pfennige

kaff
(N)
Dorf
auf'n kaff
im Dorf

kaffer
(M)
Bauer

kaffermann
(M)
Zwanzigmarkschein

kaffernalsche
(F)
Bauersfrau

kaffernperser
(M)
Lodenmantel

kaffert
(M)
Mantel

kafferusen,* auch: *kafferhusen
(M, Pl.)
Dorftrottel, Bauern

kaffhei
fünfundzwanzig

kaffolf
(?)
17 und 4 (Spiel)

kaftan
(M)
Mantel, Anzug, Bekleidung (jüdische)
ziemlich kolone aussem kaftan kneistern
dumm aus der Wäsche gucken

kafter*, auch: *kafte
(M)
Mantel, Anzug, Kleidung

kalchuse
(M)
Ausländer

kaline
(F)
Mädchen, Frau
seegers un kalinen
Leute

kalinenkarneval
(M)
Weiberfastnacht

kamangerie
(M)
(Feuer-)Waffe, Pistole, Polizeirevier

kangeri
(?)
Kirche

kanzlerbeis
(N)
Kanzleramt

kapores
entzwei, kaputt
kapores dellen
entzwei schlagen

kappen*, auch: *chappen
nehmen, ergreifen, schnappen, fassen, stehlen
sich eine schawele kappen
sich eine Flasche genehmigen
sich eine kaline kappen
ein Mädchen (zum Tanz) auffordern

chappen nach lowi und reibach
den Luxus lieben
zum schwofen kappen
zum Tanz auffordern
den hegel an die strotte kappen
dem Kerl an den Hals gehen

kapper
(M)
Frisör, Dieb

karacho
(N)
Schwung, Getöse
mit karacho
mit hoher Geschwindigkeit

kari
(M)
Penis

karnevalrandale
(F)
Karnevalstrubel

karo
(N)
Butterbrot, Schnitte Brot

kasaf
(M)
Wandergewerbeschein, Arbeitsbuch

kasch
(N)
Holz

kaschmin
(M)
Hahn

kaschott
(N)
Gefängnis

kasiale
(M)
Gepäckträger (am Fahrrad)

kasialen
(F, Pl.)
Kleidung

katschemme
(F)
Kneipe, Wirtschaft

katschemmenkower
(M)
Wirt, Kneipenwirt

katschen
erwischen

katschkedi
(F)
Kneipe (in der vornehmlich Schnaps ausgeschenkt wird)

kattenkopp
(M)
Pflaster(stein), Basalt, auch: Förster

katzow*, auch: *katzowe
(M)
Metzger
katzowenblut ist keine Buttermilch
Fleischerblut ist keine Buttermilch (gebraucht im Sinne von: reize den Metzger nicht)

kaventsmann
(M)
Klotz, Riesenkerl

keif
(M)
Schulden, Raten
auf keif schickern
auf Kosten anderer Leute trinken

keilof
(M)
Hund

keimchen*, auch: *keimken*, Pl. *keimkes
(N)
Jude

keimkesrakewehle
(F)
Sprache der Juden

kendor
sieh an

ker
(N, F)
Haus, nähere Umgebung, Viertel
von ker zu ker beschen
von Haus zu Haus gehen

kermo
(M)
Angelwurm

kies
(M)
Geld

kille
(F)
Butter, Butterbrot

killemaro
(F)
Butterbrot

kimmel
drei

kindigen
kaufen, anschaffen

kippe
(F)
kippe machen
aufteilen, halbieren (bei einem Geschäft)

kippesfreier
(M)
Gehilfe

kirsche
(F)
Ball, Fußball

klammerschwoof
(M)
Tanz auf Tuchfühlung

klamottenkabache
(F)
Altwarenhandel, Bekleidungsgeschäft

klara
(F)
Sonne

klemmen
stehlen

klisto
(M)
Polizist

klodde
(F)
Wenigkeit, kleines Stück, als Adjektiv: wenig
keine klodde mucker sein
nicht ganz gescheit sein, keine Ahnung haben

eine klodde mucker sein
Ahnung haben, auf Draht sein
ne klodde zerchen hegen
etwas von einer Sache verstehen
ne klodde jontef hegen
Interesse haben

klöten
(F, Pl.)
Hoden

klötze
(M, Pl.)
Socken

klüsen
(F, Pl.)
Augen

klunker
(M)
Edelstein

klunte
(F)
Puppe

knäbbel
(M)
Bauer, Landwirt

knäbbelachiler
(M)
Bauer

knäbbelalsche
(F)
Bauersfrau

knäbbelanim
(N)
Bauernmädchen, Bauerstochter

knäbbelkneis
(M)
Bauer

knäbbelknilch
(M)
Bauer, Bauernbursche

knäbbelkümpken
(N)
große Tasse

knäbbelschock
(M)
Dorfkirmes

knäbbeltrine
(F)
Dienstmädchen, Magd, Bauersfrau

kneis
(M)
Bauer

kneisanim
(N)
Bauernmädchen, Bauerstochter

kneisbeis
(N)
Bauernhaus

kneisfamilie
(F)
Bauersfamilie

kneisterei
(F)
Bauernhof

kneisterkasten
(M)
Fernseher

kneistermaschine
(F)
Brille

kneistern
sehen, anschauen, gucken
kneister
sieh da !
kneister den seeger
ecce homo
belämmert ausse wäsche kneistern
dumm aus der Wäsche gucken
was kneistern die döppen?
was sehen meine Augen?

kneisterschiene
(F)
Brille

knete
(F)
Geld

knetemännerknubbel
(M)
Haufen von Fahrrädern

knetemann,* auch: *knetermann
(M)
Fahrrad

kneten
(Fahrrad) fahren

knief
(N)
Messer

knierfte
(F)
Butterbrot, Schnitte, auch:
Buntmetall
die knierfte verballern
gestohlenes Buntmetall
verkaufen

kniest
(M)
Dreck
er hatte kniest inne döppen
er hatte Tomaten auf den
Augen

knispel
(F)
Auge, Brille, auch: Polizei

knispeln
sehen, erblicken

kniesterfinken
(M, Pl.)
Stielmus

kober
(?)
Mädchen, Animiermädchen,
Animation (im Bordell)

kochum
klug, schlau, gerissen,
erfahren, zurückhaltend
kochume segerse
pfiffige Kerle
kochum für mochum
reif für Muffi (Masematte-
Viertel in Münster)

körning,* auch: *korn
(M)
Busen
jovler körning
schöner Busen

kolani
(M)
Sarg

kolew
(M)
Milch

kolone
verrückt, närrisch
kolone werden
durchdrehen
kolone machen
verrückt machen
auf kolone machen
den Verrückten spielen
kolone machen
täuschen
kolone aussem kaftan kneistern
komisch aus der Wäsche gucken

koni*, auch: *kom
(M)
Sack, Hoden, Penis

kooksen
schlafen

koscher
richtig, sauber, gut, rein

koten
(M)
Kind

koten
klein, kurz

kotenbeis
(N)
Bude, Hütte, kleines Haus
(sieh auch unter Namen)

kotenmoos
(N)
Kleingeld

kotenproblem
(N)
Kinderproblem

kotenschoremänglowierer
(M)
Bauchladenhändler

kotenzeit
(F)
Kindheit

koterie
(F)
Kinderschar

kowe
(F)
Kleidung, Sachen, Mantel
hame schucker ausse kowe reunen
sehr gut gekleidet sein
hamel mies ausse kowe reunen
sehr dumm aus der Wäsche gucken
sich in jovle kowe werfen
sich in Schale schmeißen

kowenmalocher
(M)
Schneider

kowenmalocherchen
(N)
Schneiderlein
das muckere kowenmalocherchen
das tapfere Schneiderlein

kower
(M)
Wirt, Gastwirt

kowerin*, auch: *kowerine
(F)
Wirtin

kowerlowi
(N)
Geld des Wirtes, Trinkgeld

krajöhl
(N)
Geschrei

krauter
(M)
Handwerker, (kleiner) Handwerksbetrieb

kribbelpani
(N)
Sprudel, Sekt

krick
weg
krick gehen, latschen, böschen
abhauen, sich zurückziehen

krückmann
(M)
(Spazier-)Stock

küls
(M)
Kopf

kümmkes
(N, Pl.)
Behälter, große Tasse

kuhkaff
(N)
Kuhdorf

kulturfreier
(M)
Kulturträger

kulturmänglowierer
(M)
Kulturveranstalter

kulturmalocher
(M)
Kulturschaffender

kurant*, auch: *korant
hübsch, elegant, schön
ein kurantes anim
ein hübsches Mädchen
hame kurant
bezaubernd schön

L

labern
sagen, reden, erzählen, quatschen

laberfleppe
(F)
Wisch

laberkopp
(M)
Schwatzkopf, Quatschkopf

labermalocher
(M)
Mann des Wortes

lachtaube
(F)
Grillhähnchen

lallizom
(M)
Behinderter, Hinkebein (sieh auch unter Namen)

lammert
dreißig

lampe
(F)
Anzeige, Ärger mit der Polizei

lapane
(F)
Schaufel, Schüppe, Schaumlöffel
schuck mich mal lapane
gib mir mal die Schüppe

lapanenlauscher
(M, Pl.)
Schaufelohren

lapanenmaloche
(F)
Bauarbeit, Tiefbau
Ministerium für lapanenmaloche
Bundesbauministerium

lapanenmalocher
(M)
Bauarbeiter, Hilfsarbeiter im Tiefbau

latschi
schön, gut

lau
kein, nicht, kostenlos
lau oser
nichts mehr, nichts da
für lau
kostenlos
nö, lau!
nein, kommt nicht in Frage
lau schauwe
nicht in Ordnung
auf die ganz laue Tour
auf die ganz billige Art
nix auf lau bewirchen
nichts umsonst bekommen
für lau machen
umsonst machen
(auf) lau schickern
umsonst trinken
lau piken
nichts los sein

laubewirche
(F)
Verlust, Enterbung

laulone
nichts, nichts da, stimmt nicht, kommt nicht in Frage
ohne hame maloche, lau lone
ohne Fleiß kein Preis
maloche laulone
arbeitslos

laulonemalocher
(M)
schlechter Arbeiter, Faulpelz, unbezahlter Arbeiter

lauma
(?)
Same, Sperma

laumalocher
(M)
Faulpelz, Drückeberger, schlechter, auch: unbezahlter Arbeiter
laumalocher, schi achiler
(er ist) ein schlechter Arbeiter, aber ein guter Esser

laumann
(M)
Taugenichts, schlechter (vertrauensunwürdiger) Mensch, Faulpelz, Schmarotzer

lau oser
nichts da, kommt nicht in Frage
lau oser figine
ganz ehrlich, ehrlich gesagt

lau piken
nichts los

lauscheppe
(N)
Schnorrerei
auf lauscheppe hügen
schnorren

lauscheppen
nassauern, umsonst trinken

lauschepper
(M)
Nassauer, Schmarotzer

lauscher
(M)
Ohr
nix von anne lauscher haben
kein Interesse haben

leetze
(F)
Fahrrad

leetzen
radeln

leetzenfan
(M)
Fahrradfan

leetzenladen
(M)
Fahrradgeschäft

leetzenritter
(M)
Radfahrer

leetzmann
(M)
Fahrrad, Radfahrer

leimi
(M)
Architekt

lellen
stehlen, betteln

lelletour
(F)
Diebestour, Bettelei

limpfe
(F)
Flüssigkeit

link
durchtrieben, falsch
link machen
wegnehmen, stehlen

linkemai
links, linksherum

linken
betrügen, stehlen

linsen
gucken

lobbe
(F)
Mund, Gesicht
ne miese lobbe ziehen
ein dummes Gesicht machen

lobbenart
(F)
Dialekt

lobbergasse
(F)
Mund, Rachen

löti
(M)
Klempner

löw
(N)
Gesicht

lorenz
(M)
Sonne
bösch mir aus dem lorenz
geh mir aus der Sonne
der lorenz knallt
die Sonne scheint

lospeseln
loslaufen

losschallern
zu singen anfangen

losschemmen
losgehen, losziehen

losteilachen
losgehen

lowi*, auch: *lobi
(N)
Geld
hame lowi
viel Geld
lang lowi
viel Geld
das tofte lobi
das gute Geld
hamel reibach bei lowi
Reichtum
lowi und reibach
Luxus
lowi auf de patte haben
Geld im Portemonnaie haben
klamm mit lobi sein
knapp bei Kasse sein
hame lang lowi bewirchen
viel Geld verdienen

lowibeis
(N)
Sparkasse, Bank

lowine
(F)
Bier, Flasche Bier, Glas Bier

lowinchen
(N)
kleines Bier

lowinenbeis
(N)
Bierstube, Kneipe

lowinenfreier
(M)
Biertrinker

lowinenhegel
(M)
Getränkekellner

lude
(M)
Zuhälter

lurbruder
(M)
Spanner

luren
schauen, belauern, spekulieren

M

(sieh auch unter **N**)

macheime
(F)
Mädchen, Frau (Dame), Braut
mit der macheime scherbeln
mit der Dame tanzen

machulle
tot, kaputt
machulle dellen
siegen
inne machulle gehen
kaputt gehen, draufgehen
finnen inne machulle makeimen
Flaschen zerschlagen

machullen
verletzen, töten

machullenkamp
(M)
Friedhof

machullenpoofbeis
(N)
Leichenschauhaus

machullenpoofe
(F)
Sarg

macke
(F)
Stück, Portion
hame macke
sehr viel, ein ordentliches Stück
eine macke mast
ein Streifen Speck

mackelei
(F)
Schlägerei

mackeln
sich schlagen, arbeiten

macker
(M)
Mann, Kerl, Freund, Schläger
ein richtig muckerer macker
ein richtiger Kerl

mackes
(?, Pl.)
Prügel

mänglowieren
einfädeln, herstellen, tätig sein, befördern, fahren

mänglowierer
(M)
Macher, Hersteller

mäse,* auch: *mase
(F)
Hintern

magaratz
(M)
Esel

magente
(F)
Täuschung, Angeberei

magentefreier
(M)
Angeber

magentegannef
(M)
Betrüger

mailach
(M)
Blut, Kot
anim hat mailach, laulone mit chaumeln
das Mädchen hat seine Tage, man kann nicht mit ihr schlafen

makeime
(F)
Schläge, Arbeit, Aufgabe

makeimen*, auch: *makeimern
schlagen, tun, machen, werkeln
mulo makeimen
totschlagen
stuss makeimen
Unsinn machen
matrelen makeimen
Kartoffeln schälen
eine fete makeimen
ein Fest ausrichten
vom jucholo die jarrikes makeimen lassen
sich vom Hund in die Eier beißen lassen

makeimer
(M)
Macher, Schläger, Krieger
jeder ist der makeimer von sein massel
jeder ist seines Glückes Schmied

makeimerei
(F)
Schlägerei

malessen
(F, Pl.)
Probleme

malme
(F)
Schuldschein (Bierdeckel), Schulden
auf malme machen
anschreiben lassen
an die malme hauen
anschreiben lassen
hamel einen an der malme haben
viele Schulden haben
einen hamen strang anne malme haben
viele Schulden, viel angeschrieben haben

malmeler
(M)
Schuldner

maloche
(F)
Arbeit, Aufgabe, Geschäft
ohne hame maloche, lau lone
ohne Fleiß kein Preis

malochen
arbeiten
mulo malochen
töten
am tokus malochen
am Arsch lecken
der kochume macker malocht vor
der kluge Mann baut vor

malocher
(M)
Arbeiter

malocherbosse
(F)
Arbeitshose, Blaumann

malocherkoten
(M)
Arbeiterkind

malocherkowe
(F)
Arbeitskleidung, Blaumann

malochermeierlinge
(M, Pl.)
Arbeitsschuhe

malocheschuppen
(M)
Firma

mangen
betteln

mangewelen
betteln, erbetteln

mangeweler
(M)
Bettler

manilla
(F)
Busen

manoli
verrückt

manschen
betteln (von Haus zu Haus), hamstern

mappe
(F)
Gesicht, Kopf

maro
(N)
Brot, Butterbrot
wes maro ich achile, des rees ich schallere
Wes Brot ich eß', des Lied ich sing'

marodepenk
(M)
Arzt

marole
(F)
müde, kaputt, pleite, untauglich
marole böschen
abhauen, sich vor einer Aufgabe drücken

masche
(F)
Art und Weise, Trick

maschemau
ja nicht !, ah!, oh! (Ausruf des Erschreckens)

mascheminus
ah!, oh! (Ausdruck des Erstaunens, oft in Verbindung mit negativen Aussagen, Sachverhalten)

maschores
(M)
Leiter, Chef, Vorarbeiter, Polier, Wächter (im Gefängnis)
maschores vonne gallachs
Bischof

mase
(F)
Masematte (Kurzform)

masematte
(F)
Masematte (als Bezeichnung für die Sondersprache)

masemattemänglowierer
(M)
Masematteforscher

masemattemärchen
(N)
Märchen auf Masematte

masemattemalocher
(M)
Masematteforscher

masematten
(F, Pl.)
Geschäfte, Handel

masematten
Geschäfte machen

masemattenfreier
(M)
Händler, auch:
Masemattesprecher

masemattengeue
(F)
Masemattesprecherin

masemattenrakewele
(F)
Masematte (Sprache)

masemattenscheetz
(M)
Masemattesprecher (?)

masemattespezi
(M)
Fachmann für Masematte

masemattetext
(M)
Masemattetext

masminchen
(F, Pl.)
Kinderschuhe

masminen
(F, Pl.)
Schuhe, Arbeitsschuhe

masminenmänglowierer
(M)
Schuhmacher

massel
(M)
Glück

masselbrassel
(M)
Glück im Unglück

masselfreier
(M)
Glückspilz, Schornsteinfeger

masselfreund
(M)
Schicksalsgefährte

masseln
glücken, gelingen
jovel masseln
gutgehen

masselseeger
(M)
Glückspilz, Schornsteinfeger

masseltour
(F)
(erfolgreiche) Betteltour, Diebestour, auch: Glückssträhne

maßmeier
(M, Pl.)
Schuhe, Sonntagsschuhe

mast
(M)
Speck
eine macke mast
ein Streifen Speck

masumm,* auch: *masummes
(M)
Geld, Gelddinge
lau masumm
pleite

matrele,* auch: *matrek
(F)
Kartoffel
matrelen makeimen
Kartoffeln schälen

matrelenede
(M)
Schrebergärtner
(sieh auch unter Namen)

matrelensalat
(M)
Kartoffelsalat

matschen,* auch: *natschen
angeln

matschka
(F)
Katze, auch: Frau aus dem Osten

matschmatrelen
(F, Pl.)
Kartoffelbrei

matschove
(F)
Hintern, mißlungener Handel
in die matschove sein
für die Katz sein
anne matschove sein
nichts mehr taugen

matschover
(M)
Hausierer

matzeachiler
(M)
Jude

matzebecker
(M)
Auge

mau
schlecht, unklar
mau sein
ungeklärt sein

mauen
(Pl.)
Arme, Ärmel, Handschuhe

mauen
(gut) essen

mauken
(F, Pl.)
Füße, Zehen

mei
hundert
mei un schess
einhundertundacht
mei schuck
Hunderter

mei
(M)
Hunderter, Hundertmarkschein

meierling
(M)
Schuh

meiermann
(M)
Hunderter, einhundert Mark

meimelatur,* auch: *meimel
(F)
Regen, Regenwetter, Jauche

meimelker
(N)
Toilette

meimeln
regnen, nieseln, pinkeln
in die firche meimeln
ins Bett machen
in die plinte meimeln
in die Hose machen

meimelpani
(N)
Regenwasser

meirat
dreihundert Mark, wörtlich: einhundert Taler

meise
(F)
Zigarette

meite
(F)
Mädchen

mennige, auch: maniker
schwindsüchtig, krank, verrückt

meschugge
verrückt, dumm, durcheinander
hamel meschugge ausse klamotten reunen
sehr dumm aus der Wäsche schauen

mewe
(F)
(Vieh-)Weide

miefen
riechen

miegen
regnen, pinkeln

miegewippe
(F)
Schiffschaukel

mies
böse, niederträchtig, übel, ärgerlich
mies ausse kowe reunen
dumm aus der Wäsche gucken
ne miese lobbe ziehen
ein langes Gesicht machen

mieswettermalocherente
(F)
Schlechtwettergeld

minenkeilof
(M)
Spürhund (sieh auch unter Namen)
minenkeilof von gentschmän
Spürhund von Genscher (J.W. Möllemann)

minsch
(F)
Vagina

mischpoke
(F)
Verwandtschaft, Sippschaft, Familie

mispel
(F)
Polizei

mispelfinger
(M)
Möhre

mispelfreier
(M)
Polizist

mispelverschnitt
(M)
Hilfspolizist

mitachilen
mitessen

mitmalochen
mitmachen, mitarbeiten

mitrackewelen
mitreden

mitschallern
mitsingen

mitschemmen
mitgehen

modewel
oh!, ah! (Ausruf des Erstaunens)

möf
(N)
Kopf, Gesicht

mönert
(?)
Taube

moos
(N)
Geld
moos im jumpfermann haben
Geld in der Tasche haben

more
(F)
Angst
hamel more
große Angst
more haben
Angst haben
ohne more
bedenkenlos

morig
ängstlich, feige

mottek
(M)
Hammer

mucker
schlau, klug, aufgeweckt, anmutig
hame mucker
hellwach, sehr schlau
ein richtig muckerer macker
ein richtiger Mann
mucker sein
aufpassen
eine klodde mucker sein
ein bißchen Ahnung haben
keine klodde mucker sein
nicht ganz gescheit sein, keine Ahnung haben

muckern
bemerken, merken, erkennen, beobachten, wahrnehmen, sehen

mucki
(?)
Kaninchen

muffe
(F)
Angst, Hintern
hame muffe haben
große Angst haben
die muffe geht eins zu tausend
der Arsch geht auf Grundeis

muffensausen
(N)
Angst

muffköppe
(M, Pl.)
Holländer

mui*, auch: *muiken
(N)
Mund, Gesicht

mulo
tot, gestorben, kaputt
mulo sein
tot sein
mulo makeimen
totschlagen
mulo dellen
totschlagen
mulo malochen
töten
mulo machen
umbringen, töten
mulo gehen
sterben

mulo
(M)
Tod

mulobeis
(N)
Totenhaus, Leichenhalle, Baracke

mulopenk
(M)
Sensenmann, Tod

mumm
(M)
Kraft, Lust

murmelbeis
(N)
Gotteshaus, Kirche

murmelschuppen
(M)
Gotteshaus, Kirche

muttke
(F)
Dreck
ausse muttke mänglowieren
aus der Klemme helfen, helfen, befreien

N

(sieh auch unter **M**)

nabbelanim
(N)
Prostituierte

nabbelei
(F)
Geschlechtsverkehr

nabbeln
beischlafen, koitieren

nabbelschore
(F)
Prostituierte, Geld fürs Bordell

nachtmaloche
(F)
Nachtschicht

nafke
(F)
Prostituierte

nak
(?)
Nase

nasenbleiche
(F)
Entziehungskur

nebenmaloche
(F)
Nebenbeschäftigung

nerbelo
verrückt, verwirrt, dumm
reineweg nerbelo
rundum närrisch
jovel nerblo
schön dumm
nerbelo werden
durchdrehen, verrückt werden

nerbelofreier
(M)
Spinner, Verrückter

nerbeloköster
(M)
Spinner, Verrückter, auch: Aufseher in der Psychiatrie

nerbelokowe
(F)
Karnevalskostüm, Anstaltskleidung

nerbeloschauter
(M)
Spinner, Verrückter

newes
(M)
Kopf, Bauch, Nacken

nobelbeis
(N)
Rathaus

nobelbeisbinnenhof
(M)
Rathausinnenhof

nobelkaftan
(M)
festlicher Anzug

nobelkatschemme
(F)
Nobelrestaurant, gepflegte Gaststätte

nobelpani
(N)
Sekt, Wein

nobelstrehle
(F)
Prachtstraße

nobeltippelstrehle
(F)
Allee, Promenade, Fußgängerzone

nun
fünfzig

nunnermann*, auch: *nummermann
(M)
50 Mark

nuttendiesel
(M, N)
Parfum

O

obergallach
(M)
Papst

oberkaline
(F)
Chefin

obermacker
(M)
Chef, Leiter, Vorsitzender, Bürgermeister, Minister, Präsident, Herrscher

obermann
(M)
Hut, Kappe

obermeier
(M)
Jacke, Oberbekleidung

oberrakawele
(F)
Hochdeutsch, Hochsprache

obi
(M)
Hut

öhme
(F)
schlechte Luft, Dreck, Mist
auf die öhme nehmen
verarschen

öhmen
muffig riechen

öle
(F)
Kanal, Schmutzwasser
mochum anne öle
das Herz-Jesu-Viertel am Kanal

ölemann
(M)
Kanalarbeiter

ömmes
klar, ja, fürwahr, tatsächlich
ömmes bekane
klarer Fall

ömmes
(M)
Kerl, Mann, großer Gegenstand

okkulöm
(N)
(Tabaks-)Pfeife

olf
eins, ein
olf schuck
eine Mark

ordnungsmuckermann
(M)
Ordner, Polizist

oser
nicht, nein, nichts, kein, niemals
lau oser
nichts da, nichts mehr
tschi oser
nichts da

osnik
(M)
Uhr

P

palavern
(laut) reden

pallemachonen
(M, Pl.)
Soldaten, Militär

pallemann
(M)
Soldat, Polizist

pani
(N)
Wasser, Regen, Tränen
pani inne döppen
Tränen in den Augen

panianstalt
(F)
Badeanstalt

panibeis
(N)
Schwimmbad

panibengel
(M)
Wasserwaage

paniknüppel
(M)
Wasserwaage

paniloch
(N)
Brunnen

panimalocher
(M)
Bademeister

panischuppen
(M)
Wasserwerk

paniseite
(F)
Ufer

panitemperatur
(F)
Wassertemperatur

paniwerk
(N)
Wasserwerk

paradezossen
(M)
Paradepferd

patronallen
beten

patt
(M)
Straße, Weg

patte
(F)
Portemonnaie, Tasche, Geld
(kein) loobi auffe patte haben
(kein) Geld in der Tasche haben
tackens auffe patte haben
Geld im Portemonnaie haben
ne blanke patte haben
pleite sein

pattenmalocher
(M)
Taschendieb

pattisch
schwanger

pattjacken
(M, Pl.)
Landstreicher, Ausländer, Gesindel, Kleinkriminelle, Asoziale, Penner

patze
(F)
Regenschirm

paze
(F)
Tür

pedde
(F)
Schlampe

pegel
betrunken

pegelbeschickert
volltrunken

pegelschicker
volltrunken

peigeln
sterben

peigelscharett
(N)
Leichenwagen

peiger
betrunken

pelzkafter
(M)
Pelzmantel

pennbruder
(M)
Stadtstreicher

pennen
schlafen

penunzen
(F, Pl.)
Geld, Gelder, Finanzen

perzen
rauchen

peseln
laufen, fahren
mit der leeze peseln
radeln
durche bendine peseln
durch die Gegend laufen
die matreelen sind am toftesten, wenn sie durchs schassörken gepeselt sind
die Kartoffeln schmecken am besten, wenn sie durchs Schweinchen gegangen sind

pesen
fahren, rennen

pichelbeis
(N)
Wirtshaus

picheln
trinken
sich einen picheln
zechen

piene
(F)
Schmerz
hamel piene
starke Schmerzen

pieren
trinken

piese
(F)
(kleines) Mädchen

piesel
(F)
Kneipe
inne piesel schemmen
in die Kneipe gehen

pille
(F)
Ball, Fußball

pilo
(M)
Schnaps, Kurzer

pinneken
(N)
kleines Glas, Schnapsglas

pinnörkel
(M)
Schreibgerät, kleiner Stift

pinte
(F)
Kneipe

piro
(M)
großer Schnaps (Hühldöpp),
großes Schnapsglas

piselotten
(F, Pl.)
Kleider, Kleidung, Schutz

pittermann
(M)
Gefängnis

plästern
(stark) regnen
sich einen hinter die weste plästern
sich einen hinter die Binde gießen

plafon
(N)
Gesicht

plane
in Ordnung, gut, rein
jetzt ist plane
jetzt wird es Zeit
plane machen
ein krummes Ding drehen, etwas mitgehen lassen

plannigen
weinen, regnen
es fing am plannigen an
es fing an zu regnen

planti
(F)
Ente

plastikmacker
(M)
Bildhauer

platte
(F)
Weg, Straße
platte reißen
Reißaus nehmen
die platte putzen
sich aus dem Staub machen
platte machen
im Freien übernachten

plautze
(F)
Bauch
die achiele inne plauze malochen
das Essen in den Bauch schlagen
inne plautze makeimen
trinken

plempe
(F)
Degen, Säbel, Messer, (Seiten-)Gewehr, auch: (abgestandenes) Bier

plete
weg, fort, vorbei
plete böschen, scheften, teilachen
verschwinden, wegrennen
plete gehen
weggehen
plete hauen
schwinden
plete pesen
davonfahren
nichts wie plete nichts wie weg
besch plete scher dich weg
besch plete in deine firchen
scher dich in dein Bett
brand haut plete beim schickern
Durst schwindet beim Trinken
die nabelschnur ist noch nicht pleete
noch nicht abgenabelt sein

plinte
(F)
Hose
inne plinte böschen
in die Hose gehen

plotte
(F)
Messer, (Seiten-)Gewehr

plottenburkerei
(F)
Messerstecherei

plümpsanstalt
(F)
Badeanstalt

plümpse
(F)
Badestelle (im Freien), Schwimmbad

plümpsen
baden

plumpsbeis
(N)
Toilettenhäuschen (im Hof), Plumpsklo

plurren*, auch: *pluren
(M)
Lumpen, Tuch, Fetzen

pöbeltaxe
(F)
Bus

pöhlen
Fußball spielen

politfreier
(M)
Politiker

politickhegel
(M)
Politiker

politickmacker
(M)
Politiker

politickseeger
(M)
Politiker

ponum
(N)
Gesicht, Kopf, Hintern
ne fluppe ins ponum stecken
eine Zigarette in den Mund stecken
das ponum polieren
ins Gesicht schlagen

poofe
(F)
Bett
mit de kachelin ausse poofe
mit den Hühnern aufstehen

poofekäfterken
(N)
(kleines) Bett, Schlafzimmer, Nachthemd

poofen
schlafen, übernachten

poofklamotten
(F)
Schlafanzug

pore
(F)
Kuh

porre
(F)
Mißtrauen

porree
(M)
Haar

poscher
(N)
Geld

pote
weg, verloren
pote sein
verschwinden

prachtbeis
(N)
Prachtbau

primangelo
(M)
Zigarette

pringelo
(M)
Polizist

proletenbagger
(M)
Aufzug (Paternoster), Karriereleiter

pseudomasematte
(F)
Pseudo-Masematte

puchen
lügen

pük
rein, sauber

pünte
(F)
Kahn, Schutt, Abfall

püster
(M)
Gewehr

pütt
(M)
Abfluß

püttmalocher
(M)
Bergmann

Q

quälme
(F)
schlechte Luft

quante
(F)
Fuß

quarzen
rauchen

quasemann
(M)
komischer Kauz

quetten
sich vor etwas drücken, blaumachen, nichts tun

quettmalocher
(M)
Faulpelz, schlechter Arbeiter

quinie
(M)
Schnaps, Glas Schnaps

quinieschickerer
(M)
Schnapstrinker

R

rackeli
(N)
(geschwätzige) Frau, Mädchen

rakawele,* auch: *rackewele
(F)
Sprache, Rede, Gerede, Geschichte
die rakawele hat ne' hame jenne
die Sache hat einen Bart

rakawelen,* auch: *rackewelen
sagen, sprechen, erzählen, reden
lau oser schmus rakawelen
die Wahrheit sagen

rakawelenzerche
(F)
Sprachwissenschaft

rakawelenzerchekabache
(F)
Institut für Sprachwissenschaft

ralliken
(N)
ungezogenes Mädchen, ungezogener Bursche; auch: Dienstmagd

randale
(F)
Ärger, Getöse, Spektakel
randale machen
lärmen, einen Aufstand machen

randalebeis
(N)
Radaubude

ratsbeis
(N)
Rathaus

ratsker
(N)
Rathaus

ratte,* auch: *ratt
(F)
drei Mark, Taler
fiozer ratt
1,50 Mark

ratzen
schlafen, schnarchen

raufer
(M)
Arzt

raufpeseln
hinaufsteigen

raunzen
anschnauzen

rebe
(F)
Knüppel, Stock

rechtemai
rechts, rechtsherum
die fehme von rechtemai
die rechte Hand

rees
(N)
Ärger, unsinniges Gerede, Lied

reesen
erklären, erzählen

regierungsrakawele
(F)
Regierungsgespräche, Regierungserklärung

reibach
(M)
Gewinn, Verdienst, Geld, gutes Geschäft
hamel reibach bei lowi
Reichtum
lowi und reibach
Luxus

reinburken
hineinschlagen, arbeiten

remmidemmi
(N)
Trubel
es gab schwer remmidemmi
es ging schwer zur Sache

rengstern
toben, tollen

rettungswuddi
(M)
Rettungswagen

reunen*, auch: *roinen, reunigen
sehen, schauen, gucken
meschugge ausse klamotten reunen
dumm aus der Wäsche gucken
hamel schucker ausse kowe reunen
sehr gut aus der Wäsche schauen
einen fiers reunen
einen Blick auf etwas werfen

reuneisen
(N)
Brille

reunfried
(M)
Spanner

riesenfleppe
(F)
Plakat

riewe

knapp, eng, sparsam, verschwenderisch

rirkel

(N, M)

umtriebiger Kerl, Bauer, auch: Kaninchenbock

rirkelkaninchen

(N)

(rühriges, hektisches) Mädchen

rochus

(M)

Wut, Groll, Zorn

rochus haben

wütend sein, sich ärgern

hamel rochus hegen

sehr wütend sein

röllekes

(N, Pl.)

Augen, Locken, Rädchen

(hamel) mies aus seine röllekes reunen

(sehr) betreten ausschauen

rösch

(N)

Mund, Gesicht, Kopf

halts rösch

halt den Mund

romdi

(N)

(ältere) Frau, Mädchen, besonders: Zigeunermädchen

roof

(M)

Hunger

hame roof

großer Hunger

roofen

hastig essen

roofschieben

(N)

Hungerleiden

S

(**Sch-** sieh auch **Tsch-**)

sägewerkmalocher
(M)
Sägewerker

schabau
(M)
Schnaps

schabelünter
(M)
zerlumpt gekleideter Mann

schabo
(F, M)
(geringschätzig) Frau, Mädchen, Junge, Mann, zwielichter Kerl

schabracke
(F)
Damenrock, Kleid

schachani
(M)
Polizist

schäft
(M)
Gang, Art zu gehen

schafuttken
schimpfen, geschäftig sein

schalkeschauter
(M)
Spieler, Anhänger von Schalke 04

schallach
(M)
Sänger

schallepenn
(?)
Nahrung, Mahlzeit

schaller
(M)
Lehrer

schallerchor
(M)
Gesangsverein

schallerei
(F)
Gesang

schallerkonzert
(N)
Chorkonzert

schallermann
(M)
Sänger
die bremer schallermänner
die Bremer Stadtmusikanten

schallern
singen, grölen

schallerpaukerin
(F)
Musiklehrerin

schamisken
(N)
Schlips, Vorhemd

schanägeln
arbeiten

schandudeln
schimpfen

schandussel
(M)
Kopf, Schnupfen

schanele
(F)
Pfeife

schapp
(N)
Schrank

scharett
(M, N)
Bahnhof

scharwenzeln
(um jemanden)
herumschleichen, ziellos umhergehen

schaskelobi
(N)
Trinkgeld, Geld zum Vertrinken

schaskemeier
(M)
Trunkenbold

schasken
trinken, raffen

schasklamöne
(F)
Werkzeugtasche

schassörken
(N)
Schweinchen, Frau

schassor
(M, N)
Schwein

schauter
(M)
Mann, Kerl

schautermann
(M)
Mann, Kerl

schauwe
(F)
Wert

schauwe
gut, wertvoll, in Ordnung
lau schauwe
nicht in Ordnung, nichts zu holen
lau schauwer seeger
unzuverlässiger Mann

schawele
(F)
Flasche

schecherie
(F)
Kneipe

schechtanim
(N)
Prostituierte

schechtbeis
(N)
Schlachthof, Toilette, Bordell

schechten
schlachten

scheetz
(M)
guter Freund, Mann, Kerl

scheften
gehen, laufen
pleete scheften
verschwinden
pekan scheften
erkunden, auskundschaften

mit der lapane bekane scheften
gut mit der Schaufel umgehen können

scheinink
(M)
Auge

scheißmaloche
(F)
Dreckarbeit

schemm
(M)
Gang, Art zu gehen, auch: Gefängnis

schemmbeis
(N, M)
Gefängnis, Knast

schemmen,* auch: *schemmsen
gehen, laufen, fahren
inne piesel schemmen
in die Kneipe gehen

schemmsteig
(M)
Bürgersteig

scherbeln
tanzen, gehen, wanken

schero
(M)
Kopf, Gesicht
in den schero ballern
lehren, lernen

schesken
(N)
Schaukel, Karusell, Kutsche

schess*, auch: *chess
acht
mai un schess
einhundertundacht

schicker
betrunken, angeheitert

schickerbeis
(N)
Gaststätte

schickerbolzen
(M)
Trinker, Säufer

schickerdose
(F)
Bierdose

schickerei
(F)
Trinkerei

schickerkumpel
(M)
Zechbruder

schickermännerliste
(F)
Liste der Zechbrüder

schickermann
(M)
Trinker, Trunkenbold, trinkfester Kerl

schickermoos
(N)
Geld zum Vertrinken, Trinkgeld

schickern
trinken, zechen
toft schickern
ausgiebig, ungestört trinken

schickse
(F)
Mädchen, Frau
alte schickse
alte Ziege
schofle schickse
blöde Kuh
eine läufige schickse
ein leichtes Mädchen

schimmi
(F)
Bett

schiwwem
siebzig

schlamassel
(M)
Pech, Unglück, Ärger

schlamasseltag
(M)
Unglückstag

schlaunbeis
(N)
Bauwerk (von Johann Conrad Schlaun)

schlör
(F)
Schlampe, unordentlicher Mensch

schlören
umherziehen, schleppen, verschleppen, bringen, säumig sein, verlieren

schlörig
schmutzig

schmackes
(Pl.)
Kraft, Kenntnis, Wissen
mit schmackes
schnell, energisch

schmakatgen*, auch: *schmakatzen
essen

schmarre
(F)
Gesicht

schmarrer
(M)
Arzt

schmarrerbeis
(N)
Arzthaus, Praxis, Krankenhaus

schmarrervilla
(F)
Krankenhaus

schmergeln
lächeln, lachen, grinsen, schmunzeln
immer so hamel am schmergeln sein
unaufhörlich lächeln

schmiege
(F)
Gesicht, Visage
jemandem steht das pani bis anne schmiege
jemandem steht das Wasser bis zum Hals

schmier*, auch: *schmiere
(F)
Polizei
schmiere stehen
aufpassen, Wache halten

schmisse
(M, Pl.)
Prügel

schmonseln
erzählen, reden, sagen

schmonum
achtzig

schmonzes
(F, Pl.)
Äußerlichkeiten

schmu
(F)
Vagina

schmuckabiene
(F)
Bratklops, Frikadelle

schmuckille
(F)
Butterbrot

schmuh
(M)
Täuschung, Betrug

schmus
(M)
Unsinn, Unwahrheit
lau oser schmus rakawelen
die Wahrheit sagen
auf den schmus hüppen
auf den Unsinn hereinfallen

schmusen
sagen, erzählen, sprechen, fragen, anzeigen
der osnik schmust ...
die Uhr zeigt ...
ausgefircht schmusen
hochtrabend daher reden

schmusestrippe
(F)
Telefon

schmusleine
(F)
Telefon

schnottprierkel
(M)
Jemand, der sich in der Nase bohrt, Schmutzfink

schock
(M)
Kirmes, Jahrmarkt

schockfreier
(M)
Schausteller

schockgänger
(M)
Kirmesbesucher

schöfeln
watscheln, paddeln, gehen

schofel
schlecht, böse, übel
schofler keilof
der böse Wolf
schofle schickse
blöde Kuh
schofle schmiege
üble Visage
schofler seeger
blöder Kerl
schofles pani
Fusel, schlechter Schnaps

schoklamai
(M)
Kaffee

schoklamaikasse
(F)
Kaffeekasse

schont
(M)
Toilette

schonte
(F)
Scheiße, Mist, Dreck

schontebeis,* auch: *schontbeis, schonterbeis
(N)
Toilettenhäuschen, Klo

schonten
scheißen
am schonten halten
ernähren

schontermeier
(M)
Scheißkerl

schontker
(N)
Scheißhaus, Klo

schorbruder
(M)
Dieb

schore
(F)
Diebesgut, Beute

schoren
stehlen, klauen
die matschka läßt oser das schoren
die Katze läßt das Mausen nicht

schorerei
(F)
Diebstahl

schori
(N)
Messer, Knüppel

schotter
(M)
Geld
lang schotter
viel Geld

schotterautomat
(M)
Geldautomat

schotterosnik
(M)
Parkuhr

schreibtischmalocher
(M)
Schreibtischarbeiter

schuck
(M)
Mark, Mark-Stück
olf schuck
eine Mark
jutschuck
10 Mark
kaffschuck
20 Mark
nunschuck
50 Mark

schucken
bezahlen, kosten, geben, anreichen

schucker
schön, hübsch, schick
hamel schucker ausse kowe reunen
sehr gut aus der Wäsche schauen

schumm
(M)
Kuß

schumm
dick, groß, drall
einen schummen wuddi hegen
einen dicken Wagen haben, fahren, einen großen Wagen haben

schummbollen
(M, Pl.)
Kartoffeln

schwägerinnennabbler
(M)
Weiberheld

schwarzmaloche
(F)
Schwarzarbeit

schwof
(M)
Tanz

schwofen
tanzen

schwoferei
(F)
Tanzerei

schwofzomen,* auch: *schwofzömkes
(M, Pl.)
Tanzbeine

seg
(M)
Geschwätz

seeger
(M)
Kerl, Mann
seeger mit zerche
Experte
kneister den seeger
Ecce homo
seegers un kalinen
Leute

seegerling
(M)
(oft geringschätzig) Mann, Junge

seepani
(N)
Seewasser

seibel
(M)
Dreck, Schmutz, Speichel
sich einen seibel um etwas kümmern
sich einen Dreck um etwas scheren

seibelbeis*, auch: *säbelbeis
(N)
Scheißhaus, Plumpsklo, Toilette

seibeln*, auch: *säbeln
pinkeln, scheißen
sich vor more in die plinte seibeln
sich vor Angst in die Hose machen

semmeltechniker
(M)
Bäcker

send
(M)
Kirmes (in Münster)

sesselpuper
(M)
Beamter

sierften
stehlen

sierftetour
(F)
Diebestour

slalombeschen
(N)
Slalomlaufen

söjen*, auch: *sore
sieben

soff
(M)
Ende
am soff sein
vorbei sein

sonnef
(M)
Schwanz, Penis

sonntagskowe
(F)
festliche Kleidung

sore
(F)
(gestohlene) Ware, Beute
die sore kappen
zugreifen
sore hegen
Geld haben

sorrof
(M)
Schnaps

soziseeger
(M)
Sozialdemokrat, SPD-Mann

spachteln
essen

spagaze
(F)
Essen, Nahrung

spagazen*, auch: *spakazeln
essen

spee
wütend, mies
spee sein
aufeinander böse sein

speismakeimer
(M)
Bauarbeiter, Arbeiter (an der Speispfanne), Maurer, Koch, Gerüstkellner

spendierplinte
(F)
Spendierhose

staatsknete
(F)
öffentliche Gelder, Steuern

staatspatte
(F)
staatlicher Haushalt

stachiringelo
(M)
Igel

stacho
(M)
Mann, übler Kerl (sieh auch unter Namen)

stadtbeis
(N)
Stadthaus, Rathaus

stadthegel
(M)
Ratsherr, Mann von der Stadt

standleetze
(F)
Fitness-Fahrrad

stari
(M)
Hut

staude
(F)
Bluse, Hemd

sticken
treten, Fußball spielen

sticken
(Pl.)
Beine

stickmaloche
(F)
Stickerei

stiegenbeis
(N)
Treppenhaus

stieke
(F)
Stillschweigen, Stille

stieke*, auch: *stikum
still, heimlich, leise
stieke, stiekes
sei still

stiften
stiften gehen
sich aus dem Staub machen

stillepenn
(M, N)
Gefängnis

stößer
(M)
Vorarbeiter, Gefängnisaufseher, Polier

stoof
(M)
Ärger, Streit
hamel stoof
großer Ärger

strang
(M)
großes Stück

einen hamen strang anne malme haben
viele Schulden, viel angeschrieben haben

strehle
(F)
Straße, Straßenstrich
auffe strehle gehen
auf den Strich gehen
auffe strehle bringen
zuwege bringen

strehlekaventsmann
(M)
Pflasterstein, Asphaltbrocken

streiklowi
(N)
Streikgeld

strigo
(M)
Strichjunge, Zuhälter, übler Kerl

strohbutzer
(M)
Gans

strotte
(F)
Hals, Kehle

strunzer
(M)
Faulpelz, Angeber

stüberchen
(N)
25 Pfennige

stuppen
(M)
Homosexueller

sturi
(?)
Henne

stuss
(M)
Unsinn, Blödsinn, Ärger
stuss makeimen
Unsinn machen

stussmann
(M)
Spinner, Trottel

T

(**Tsch-** sieh auch **Sch-**)

tacken,* auch: *tack
(M)
Groschen
keinen tacken aufn junpfermann haben
keinen Groschen in der Tasche haben
tackens auf de patte haben
Geld im Portemonnaie haben
tofte tackens
gutes Geld

tackenosnik
(M)
Parkuhr

tacko
schnell
tacko plete
schnell verschwunden
tacko verkasematuckeln
rechtzeitig mitteilen

tackoachile
(F)
Fastfood

tackoachilekabache
(F)
Schnellimbißstube

talfen
betteln, tauschen

talfer
(M)
Bettler, Pfandleiher

talon
(M)
Strich (Prostitution), Trapez
auf den talon teilachen
tippeln, auf den Strich gehen

tappern
stehlen, sich herumtreiben

techtelmechtel
(N)
lose, undurchsichtige Beziehung, Verhältnis

teewinde
(F)
Krankenhaus

teilachen
(schnell) gehen, laufen, kommen
auf den talon teilachen
auf den Strich gehen
auf lelletour teilachen
auf Diebestour gehen
die kotenen ganeffe kappt man, die dickbälge teilachen pleete
die kleinen Diebe hängt man, die großen läßt man laufen

teilachsteig
(M)
Gehweg, Bürgersteig

telofe
(F)
Tausender, Tausend
olf telofe
eintausend

terchen
hamstern, betteln

terpentin
(M)
Wermutschnaps

tess
neun

teutonenmacker
(M)
Germane, Teutone

teutonenseeger
(M)
Germane, Teutone

tickmann
(M)
Stoffel

ticksmenigge
verrückt

tiftel
(F)
Kirche

tiftelanim
(N)
Kirchgängerin, Kirchenarbeiterin

tiftelbeis
(N)
Kirche (Gebäude)

tiftelchor
(M)
Kirchenchor

tiftelkower
(M)
Kaplan

tiftelseeger
(M)
Kirchenmann, Kirchgänger

tifteltruppe
(F)
Leute von der Kirche, Kirchentruppe

tikno
klein

tilloveiler
Tausender

tinnef
(M)
wertloses Zeug, Unsinn, Blödsinn

tinneffreier
(M)
Blödmann, Trödelhändler, Marktschreier

tinnefschore
(F)
schlechte Ware, wertloses Zeug (gestohlen)

tintenmeimeler
(M)
Schreiberling, Beamter

tippeljöner
(M)
Landstreicher, Vagabund, wandernder Handwerker

tippeln
gehen, laufen
mit jemandem tippeln
mit jemandem gehen, mit jemandem zusammen sein
auf den talon tippeln
auf den Strich gehen

tippelschickse
(F)
Landstreicherin, Straßendirne, Hausiererin

tippelstrehle
(F)
Landstraße, Fußgängerzone, Straßenstrich

tirchen
(?, Pl.)
Schuhe

tirlsch,* auch: *tirsch
verrückt

tischanim
(N)
Tischdame

töle
(F)
Frau, Mädchen, auch: Hund
jovle töle
tolles Mädchen

tölenhalter
(M)
Hundehalter

tötzel
(M)
Knoten

tofel
alt

tofelmönisch
katholisch, beschränkt
tofelmönisch makeimen
missionieren

tofle
(F)
Alte, alte Tante

tofte,* auch: *töfte
schön, gut, toll, prima
toftes anim
schönes Mädchen
tofter seeger
feiner Kerl
tofte tackens
gutes Geld
tofte schmiege
gutes Aussehen
ne töfte zerche
eine Menge Ahnung
wer lau nen toften schautermann, den makeim ich den schero
willst du nicht mein Bruder sein, so schlag ich dir den Schädel ein.

tokus
(M)
Hintern
am tokus malochen
am Arsch lecken

tokusmalocher
(M)
Homosexueller

tonginus
(M)
Hintern

tott
in'n tott gehen
kaputt gehen

träf
mager

trallafitti
(N)
Spektakel, Durcheinander

tralli
(M)
Zug, Bahn,
auch: Verrücktsein
nen trallibus kriegen
gekündigt werden
einen tralli haben
einen Knall haben

trampeljöner
(M)
Fahrrad

treiler
(M)
Wohnwagen

tresine
(F)
Fahrrad

trittchen
(N, Pl.)
Schuhe

tschei*, auch: *schei
(F)
Mädchen

tscheichen
(N)
kleines Mädchen

tschi*, auch: *schi
gut
schi achiler
guter Esser

tschi laulone
nichts da, auf keinen Fall
tschi oser
nichts da, auf keinen Fall

tuck
(M)
einen tuck auf jemanden haben
jemanden auf dem Kieker haben

tucke
(F)
Weib, Mädchen
die femen von den tucken lassen
die Hände von den Weibern lassen

tucken
schlagen, anstoßen

tück
(M)
Jackentasche, Westentasche

tullepenn
(M)
Fett

tut
(F)
Milch

U

untermeier
(M)
Unterhemd

urwaldmaggi
(N)
Mischgetränk (aus Brennspiritus und billigem Wermut)

V

verballern
verkaufen, ausgeben
die knierfte verballern
(gestohlenes) Buntmetall verkaufen

verbicken
verkaufen

verdellen
verhauen, verprügeln
jemandem mit dem mottek einen verdellen
jemandem mit dem Hammer einen verpassen

vereinskatschemme
(F)
Vereinslokal

verfrengeln
aufessen

vergasseln
verheiraten
vergasselt sein
verheiratet sein

verkalliboren
verstecken
matrelen verkalliboren
Kartoffeln pflanzen

verkasematuckeln*, auch: *verkasematucken
erklären, erzählen, klarmachen, verhauen, schlagen, koitieren
jemandem einen verkasematuckeln
jemandem einen verpassen
sich einen verkasematuckeln
sich einen trinken

verkimmeln
verlieren

verkindigen
verkaufen

verklickern*, auch: *verknickern
erklären, beibringen

verknacken
verurteilen

verkonsemaknispeln
jemandem etwas klar machen, verkaufen

vermackeln
schlagen, verhauen

vermasseln
verderben, verpatzen

verquättken
ausgeben, verschleudern
pennunsen verquättken
Geld ausgeben

verrackewehlen
erzählen

verratzt
verloren, verschlafen

vers
(M)
Stück

verschachern
(unredlich) verkaufen

verschasken
vertrinken

verschebbern
verkaufen

verscherbeln
verkaufen

verschibbra
verschwunden, verloren, versteckt
verschibbra gehen
verschwinden

verschickern
vertrinken, trinken

vertötzeln
verknoten, sich verheddern

vizemaschores
(M)
Vizepräsident

volkspani
(N)
öffentliche Badeanstalt

vorbeischemmen
vorbeigehen, vorbeikommen

vorschmusen
jemandem etwas vormachen

vorzimmerische
(F)
Vorzimmerdame

W

wachtmann
(M)
Haufen (Kot), auch: Nachtwächter

wahli
(M)
Versager, Flasche

wahlkampfleetze
(F)
Fahrrad für den Wahlkampf

walzwerkschonte
(F)
Schrott aus dem Walzwerk

wampe
(F)
Bauch

waste*, auch: *wast
(F)
Hand, Faust

wegjucheln
abhauen

wegmakeimen
hinausbefördern

wegschlören
wegbringen

wegschoren
stehlen, wegnehmen

weihnachtsschallern
(N)
Weihnachtssingen

weiterbeschen
weitergehen

weiterlabern
weitersprechen

weiterschemmen
weiterziehen

weiterteilachen
weitergehen

wellbleckkove
(F)
Manchester-Anzug, -Hose

weltdellerei
(F)
Weltkrieg

wibbeldings
(N)
Bewegliches, Perpetuum mobile

wichsgriffel
(M, Pl.)
(schmutzige) Finger

wiederschoren
erneut stehlen

wiwischickse
(F)
Studentin der Wirtschaftswissenschaften

woff
sechs

wuddi
(M)
Wagen, Auto
ein schummer wuddi
ein schwerer, großer Wagen

wuddibeis
(N)
Parkhaus

wuddibus
(M)
Autobus

wuddimasematten
(F, Pl.)
Autohandel

wullachen
schwer arbeiten
schonte wullachen
Jauche fahren

Z

zachen
(M)
Messer

zaster
(M)
Geld

zasterbewirchen
(N)
Geldverdienen

zechinen
(F, Pl.)
Geld zum Vertrinken

zengerling
(M)
(ausgekochtes) junges Kerlchen

zerburken
zerdrücken

zerche
(F)
Ahnung, Wissen
zerche haben
wissen
keine zerche haben
etwas nicht verstehen, keine Ahnung von etwas haben
seeger mit zerche
Experte

zichte
(F)
Zigarette

zimonse,* auch: *zirmonse, zamonsel
(M)
Fuß, Bein, Schuh
die zimonsens in die feme nehmen
die Beine in die Hand nehmen
lau was anne zimonsens haben
arm sein

zimonselmann
(M)
Bein, Schuh

zinken
markieren

zinken
(M)
Nase, Gaunerzeichen

zinti
(M)
Zigeuner

zintianim
(N)
Zigeunermädchen

zintiseeger
(M)
(männlicher) Zigeuner

zirachenanim
(N)
herrschsüchtiges Weib, Furie, Xanthippe

zirachentier
(N)
Furie, Xanthippe

zirachentofle
(F)
Furie, Xanthippe

ziroche
(F)
Geruch, Gestank

zirochen
stinken, riechen, stänkern, schimpfen

zitterfeme
(F)
Greis, alter Mann, Trinker (sieh auch unter Namen)

zömerling
(M)
Zeh, Fuß, Schuh

zoff
(M)
Ärger

zomen
(M, Pl.)
Beine, Knochen, Füße
die zohmen inne feme nehmen
die Beine in die Hand nehmen

zomenlappen
(M, Pl.)
Wirsingkohl

zores
(?)
Ärger

zossen
(M)
Pferd

zossenboser
(N)
Pferdefleisch

zossenpegeler
(M)
Pferdeschlächter

zulemann
(M)
Nagel

zupeseln
auf jemanden zulaufen

zusammenbosseln
schweißen, zusammenstoßen, zusammenfügen

ANHANG: NAMEN

Das Namenverzeichnis enthält verschiedene Typen von Namen und Namenbildungen, die in der Masematte vorkommen, darunter: originäre Masemattenamen wie *Muffi* und *Mochum*, Namenübersetzungen, Namennachbildungen und so weiter. Sofern es sich um Münstersche Ortsnamen handelt, sind sie auch dann aufgenommen, wenn sie in der Masematte appellativischen Charakter haben (zum Beispiel *Masemattenmetropole* für Münster, *Millionenviertel* für Pluggendorf). Namenhaltige Bildungen ohne Münsterbezug, zum Beispiel *Schalkeschauter, Dallasmischpoke*, sind hingegen nicht verzeichnet. Masemattewörter, die als Namen für Kneipen, Musikgruppen et cetera existieren, sind dem Textbuch II (Nr. 47-51) zu entnehmen.
Diejenigen Namen, die in der Masematte als Appellative gebraucht werden, sind im Wörterbuch verzeichnet, zum Beispiel: *hugo* 'Zigarettenkippe', *klara* 'Sonne', *lorenz* 'Sonne'. Ein besonderer Fall ist *knetemann* 'Fahrrad': die Übereinstimmung mit dem Namen des Radrennfahrers ist zufällig. Das (ältere) Masemattewort beruht entgegen verbreiteter Meinung nicht auf diesem Namen.

Ete*, auch: *Eti
Personenname (Eduard)

Fenti*, auch: *Fänti, Fente
Personenname (Ferdinand)

Stacho
Personenname

Tönne
Personenname (Antonius)

Masemattenmetropole
Münster

Millionenviertel
Pluggendorf (altes Masematte-Viertel in Münster)

Mochum (anne Öle)
Herz-Jesu-Viertel (altes Masematte-Viertel am Kanal)

***Muffi*,**
auch: *Klein-Muffi, Groß-Muffi*
Herz-Jesu-Viertel

Namenübersetzungen und Ähnliches

Aegidiiwuddibeis
Aegidiiparkhaus

Aschenanimchen
Aschenputtel

Bermudabendine
Bermudadreieck (Kneipenviertel an der Hörsterstraße in Münster)

Dusselkaff
Düsseldorf

Gelsentiftel
Gelsenkirchen

Hörsterstrehle
Hörsterstraße (in Münster)

Karl der Schumme
Karl der Große

Klarabeis
Klarastift

Klemensstrehle
Klemensstraße (in Münster)

Kolpingbeis
Kolpinghaus

Kotenbeis
Kinderhaus (Stadtteil von Münster)

Lambertitiftel
Lambertikirche

Lorenzstrehle
Sonnenstraße (in Münster)

Masminenpünte
(Schuh-kahn), Schucan, Café in Münster

Möllemacker
Jürgen W. Möllemann

Monte Scherbelino
Coerder Müllhalde (Coerde bei Münster)

Mottekstrehle
Hammer Straße (in Münster)

Nobelstrehle
Prinzipalmarkt (in Münster)

Nobeltippelstrehle
Promenade (in Münster), auch: Prinzipalmarkt

Ritterstrehle
Ritterstraße (in Münster)

Rotdohlinchen
Rotkäppchen

Scharettstrehle
Bahnhofstraße (in Münster)

Scherbelino-Ali
Ali von der Müllabfuhr

Schlaunbeis
Clemenskirche, auch: Schloß (in Münster)

Transpanimurmelbeis
Überwasserkirche

Überwassertiftel
Überwasserkirche

Wilhelmsstudikerbeis
Westfälische Wilhelms-Universität (in Münster)

Windthorststrehle
Windthorststraße (in Münster)

Spitznamen

- die in der Masematte auch "allgemein" (appellativisch) verwendet werden.

Flachmann-Fänti
Flachmann-Ferdinand;
allgemein: Trinker, Schnapsbruder

Hänschen-Kochum
Hänschen-Schlau;
allgemein: Schlauberger, Naseweis

Lallizom
Name einer Person, die hinkt; Hinkebein;
allgemein: Behinderter

Matrelen-Ede
Kartoffel-Eduard;
allgemein: Schrebergärtner

Minenkeilof (von Gentschmän)
J.W. Möllemann;
allgemein: Spürhund

Zitterfeme
Name einer Person, die zitterige Hände hat;
allgemein: Greis, alter Mann, Trinker

IV. GEGENGLOSSAR

Das Gegenglossar soll den Weg von der Gemeinsprache zum Masemattewort weisen. Im besonderen kann es dazu dienen, Wortfelder zu erkennen. Als Hilfsmittel zum Texten oder zum Erlernen der Masematte ist es indessen nicht gedacht und im übrigen untauglich, da das Glossar über die spezifischen Verwendungsweisen, semantischen und syntaktischen Bindungen eines Wortes gar nicht informiert. Solche Informationen über den richtigen Wortgebrauch können den Wendungen und Satzbeispielen des Wörterbuchs entnommen werden, vor allem aber den Editionen von Masemattetexten (sieh Literaturhinweise).
Das Gegenglossar ist nicht die Umkehrung der Datenmenge des Wörterbuchs. Es ist auf den Kernwortschatz der Masematte hin orientiert. Sekundär entstandene Wörter, vor allem die modernen Kunstbildungen, werden nicht verzeichnet, manches aus dem lexikalischen Nahbereich ist hier fortgelassen.

A

abschlagen (Mörtelreste), blankmachen - abstucken

abschwatzen - abknöppen

acht - schess; **achtzig** - schmonum

ah! (Ausruf des Erstaunens) - maschemau, mascheminus, modewel

Ahnung von etwas, Wissen - zerche, schmackes

Alkohol - fusel, sorrof

alt - tofel

Alte, alte Frau - alsche, tofle

Altwaren - pluren; **Altwarenhandel** - Klamottenkabache

angeben - fiole/figine schieben, strunzen; **Angeber** - fiole(n)-/figine(n)schieber, figinenköster, magentefreier; **Angeberei** - figine, fiole, magente

angeln - matschen; **Angelwurm** - kermo

Angst - more, muffe, muffensausen; **ängstlich** - morig

Animiermädchen - kober

anpumpen, **anbetteln** - hügen, belgen

anreichen - schucken

anschaffen - bewirchen, kindigen; **anschaffen gehen** - aufn talon teilachen/tippeln

anschauen - bediwwern, bereunigen, kneistern

anschreiben lassen - auf malme machen, an die malme hauen

anstoßen - tucken

antrinken, sich einen - anschickern, sich einen, sich einen verlöten, sich einen ballern

Anzahlung - Ankratze

Anzug - kaftan, kowe, kafter

Arbeit - maloche; **arbeiten** - malochen; **schwer arbeiten** - wullachen, schanägeln; **Arbeiter** - malocher; **(Hilfs-)Arbeiter im Tiefbau** - lapanenmalocher; **schlechter, fauler Arbeiter** - laumalocher, quettmalocher; **Arbeitsamt** - burkamt, burkbeis; **Arbeitsbuch** - kasaf, fleppe(n); **Arbeitsloser** - burkant; **Arbeitsschuhe** - meierlinge, malochermeierlinge

Architekt - leimi

Ärger - bambonum, brassel, brokus, hallas, randale, rees, rochus, stoof; **Ärger mit der Polizei** - lampe; **ärgerlich** - brastig, mies, spee; **ärgerlich sein** - in brast sein

Arm, Ärmel - maue

arm - klamm mit lobi; **Armer** - halbkarötter

Arsch - tokus, tonginus, buhl, futt; **am Arsch lecken** - am tokus malochen; **in den Arsch treten** - den tokus dellen

Art und Weise - masche

Arzt - schmarrer, raufer, marodepenk; **Arztpraxis** - schmarrerbeis

Asozialer - boofke, bunke, halbkarötter

aufgeweckt - mucker, kochum

aufpassen - muckern, mucker sein

Aufschneider - figine(n)köster, figine(n)schieber, figine(n)-freier, fiolenschieber; **Aufschneiderei** - figine, fiole, magente

Aufseher - maschores

Auge(n) - knispel, matzebecker, scheinink, klüsen, döppen, jackis, röllekes

ausdenken, sich etwas - ausklamüsern, ausbaldowern

auskundschaften - ausbaldowern, bekane scheften

Ausländer - kalchuse, pattjacke

ausnehmen (beim Glücksspiel oder Raub) - abnabbeln

Ausweis - fleppe(n)

Auto - jole, wuddi

B

Bad - plümpse; **baden, schwimmen**- plümpsen; **Badestelle (im Freien)** - plümpse

Bahn - tralli; **Bahnhof** - scharett

Ball - asse, pille, kirsche

Bank - lowibeis

Bankrotteur - halbkarötter

Bart - jenne

Bauarbeit - lapanenmaloche; **Bauarbeiter** - lapanenmalocher, speismakeimer

Bauch - newes, plautze, wampe

Bauer (sämtliche Bezeichnungen auch als Schimpfwörter) - chalo, gatschi, hacho, kaffer, kafferuse, knäbbel, knäbbelachiler, knäbbelkneis(t), knäbbelknilch, kneis, rirkel; **Bauernhof** - chalobeis, kneisterei; **Bauersfrau** - chaloschickse; **Tochter des Bauern** - knäbbelanim, kneisanim; **Magd des Bauern** - knäbbeltrine

Bein - flunken, hentas, zi(r)monse, zimonselmann, zomen, zömerling; **steifes Bein** - lallizom

bekommen (erhalten) - bewirchen

bemerken - dibbern, muckern

beobachten- luren, beluren, muckern

Bergmann - püttmalocher

bescheißen (auch in übertragener Bedeutung) - beseibeln

beschmutzen - beseibeln

besitzen - hegen

bestens - jofelino

beten - patronallen

betrübt - betaogt

Betrug - schmuh; **betrügen** - abnabbeln, beseibeln, linken; **Betrüger** - figinenfreier/-schieber/-köster, magenteganef

betrunken - pegel, pegelschicker, beschickert, schicker; **Betrunkener, Säufer** - flachmannfänti, schickermann

Bett - firche, poofe, schimmi

betteln - fechten, hügen, mangen, mangewelen, talfen, terchen; **Bettler** - talfer, mangeweler

Bettücher - filzen

Beute - bewirche, schore, sore

bezahlen - beribbeln, beschollen, schucken, beschucken

Bier - lowine; **Glas Bier** - lowine; **Bierflasche** - schawele; **geschnorrtes Bier, Freibier** - belgebier; **kleines Bier** - lowinchen

billig - besolt

bissig - grell

bißchen, ein - 'n fiers, 'ne klodde

blind - ibber

Bluse - staude

Blut - mailach

Bordell - chaumelbeis, chaumelker, gurke, schechtbeis; **ins Bordell gehen** - auf die gurke gehen

böse - brastig, mies, schofel, spee

Boss - obermacker

Bratkartoffeln - bratmatrelen

Braut - macheime; **Bräutigam** - gasselmann

Brief - fleppe

Brille - dollar, dollarknipser, kneistermaschine, kneisterschiene, knispel, reuneisen; **Brillenträger** - dollarreuniger

Brocken, dicker - brachmann, bönti

Brot - maro, karo, killemaro (Butterbrot), knierfte (Butterbrot)

Buchmacher - bucki

Buckel, Buckliger - Ast

Bude - kabuff

Buntmetall - knierfte

Busen - körning, korn, manilla

Butterbrot - karo, kille, killemaro, knierfte, schmuckille

C

Chef - maschores, obermacker

D

da (im Sinne von: **vorhanden**) - ambach, bekan(e)

Dame (sieh auch: Frau, Mädchen, Weib) - geue, makeime; **Damenrock** - schabracke

Degen - plempe

dick - schumm

Dieb - gannef, schorbruder; **Diebesgut** - schore; **Diebestour** (vor allem nächtliche) - lelletour; **Diebstahl** - schorerei

Dienstmädchen - schickse, ralliken; **Dienstmädchen vom Land** - knäbbeltrine

Dorf - kaff; **Dorftrottel** - kafferuse, knäbbel, knäbbelkneis; **Dorfkirmes** - knäbbelschock

dort - ambach

drall - schumm

Draufgänger - hallasvogel

Dreck - kniest, muttke, schonte, seibel

drei - kimmel; **drei Mark** (ein Taler) - ratt, ratte; **dreihundert Mark** (hundert Taler) - meirat; **dreißig** - lammert

Drückeberger - laumalocher, quettmalocher; **drücken** - burken, docken; **sich vor etwas drücken** - quetten, marole böschen

dumm - bestußt, benerbelt, nerbelo, dinnlo, meschugge

durchdrehen - kolone werden, nerbelo werden

Durcheinander - brimborium, trallafitti

Durchfall - flender

durchsuchen - filzen

durchtrieben - link

Durst - brand

E

Ehefrau - alsche, beisdrachen; **Ehering** - bassel, gasselbassel

Ei (Hühnerei oder Hoden) - jariken; **Eier** - jarikes, beizen

ein, eins - olf

elf - jutzig, jutolf

Ende - soff

energisch - mit schmackes

Ente - planti

Enterbung - laubewirche

Entziehungskur - nasenbleiche

entzwei - inne machulle, in'n tott, kapores

erbrechen - göbeln

ergreifen - kappen

erhalten - bewirchen

erkennen - muckern

erklären - reesen, verkasematuckeln, verklickern, verknickern, verkonsemaknispeln

erkunden - ausbaldowern, bekan(e) scheften

Ersatzmann - fugenmalocher

erstaunt - baff

erwischen - katschen

erzählen - rakawelen, reesen, schmusen, verkasematuckeln

Esel - magaratz

essen - achilen, acheln, challen, frengeln, spachteln, spagazen, schmakatgen; **hastig essen** - roofen; **Essen, Speise** - achile, spagaze; **gut essen**- mauen

F

fahren - beschen, jucheln, mänglowieren, peseln, pesen, schemmen; **mit dem Fahrrad** - kneten; **Fahrrad** - hassel, knete(r)mann, leetze, leetzmann, trampeljöner, tresine

falsch - link

Familie - mischpoke

fangen, fassen - kappen

Faulpelz - laumalocher, laulonemalocher, laumann, quettmalocher

Faust - wast(e)

Fenster - finete, gitte; **Fensterscheibe** - finne

Fett - tullepenn

Fetzen - pluren, plurren

Feuer - jack; **Feuer geben** - jack dellen

Finanzen - penunzen, masumm(es)

Fingerring - bassel, geitling

Flasche - finne, schawele, wahli

Fleisch - bose, boser, poser

Flüssigkeit (auch konkret etwa für Wasser, Teer, Arznei) - limpfe

Förster - kattenkopp

fort - plete, pote, verschibbra

Frau (sieh auch: Dame, Mädchen, Weib) - alsche, anim, futt, geue, ginne, ische, kaline, makeime, rackeli, romdi, schabo, schassörken, schickse, töle; **alte Frau**

- tofle; **geschwätzige Frau** - rackeli; **zänkische Frau** - zirachenanim, zirachentier, zirachentofle; **Frau aus dem Osten** - matschka; **Frauenheld** - ischenpoussierer

Freibier - belgebier

fressen - frengeln

Freude - jontef

Freund freier, macker; **guter Freund** - scheetz; **Freundin** - aneite, ische

Friedhof - machullenkamp

Frikadelle - fridadeuse, schmuckabiene

Friseur - kapper

Führerschein - fleppe

fünf - hei; **Fünfmarkstück** - heiermann; **Fünfpfennigstück** - fiozertack, hei beschiene; **fünfzehn** - juthei; **fünfzig** - nun; **Fünfzigmarkschein** - nunnermann; **Fünfzigpfennigstück** - fiozerschuck, heitack

Furie - zirachenanim, zirachentier, zirachentofle

fürwahr - ömmes

Furcht - muffe

Fusel - schofler schabau

Fuß - masmine, mauke, quante, zi(r)monse, zomen, zömerling

Fußball - asse, pille, kirsche; **Fußball spielen** - flemmen, pöhlen, sticken; **Fußballspieler** - assemakeimer; **Fußballschuhe** - flemmer

G

Gang (Art zu gehen) - schemm, schäft

Ganove - boofke, bunke, bambulenfürst

Gans - ganti, strohbutzer

Gaststätte - katschemme, katschkedi, lowinebeis, fuselbeis, pichelbeis, schickerbeis, beite, piesel, pinte, schecherie; **Gastwirt** - (katschemmen-) kower

Gaunerzeichen - zinken

geben - schucken

Gefängnis - fuge, granigen, kaschott, matschove, pittermann, schemm(beis), stillepenn; **Gefängnisaufseher** - maschores, stößer

Gegend - bendine (weitläufig), ker (näher)

gehen - böschen, pesen, scheften, schemmen, schemmsen, scherbeln, teilachen, schöfeln, tippeln

Gehilfe (bei Handel oder Verkauf) - ballsaster, kippesfreier

geil (sexuell erregt) - chamm, chammin, chammerich

Geistlicher - challach

Geizhals - gnego; **geizig** - gnesig

Geld - balachesen, kies, knete, lobi, lowi, masumm, masummes, moos, patte, penunzen, poscher, schotter, zaster; **kein Geld haben** - laumasumm hegen; **Kleingeld** - kotenmoos; **Geld zum Vertrinken** - schickermoos, schaskelobi, zechinen; **Gelddinge** - masumm, masummes, penunzen; **Geldeintreiber** - balachesenfreier; **Geldbörse** - patte, chatte, jumpfermann; **Geldschein** - balachesenfleppe

gelingen - masseln

Gepäckträger (am Fahrrad) - kasiale

Gerede - geschmuse, rees

gerissen - kochum

Geruch - ziroche, öhme

Gesäß - buhl, tokus, tonginus, mäse, muffe, futt

Geschäft - maloche, masematten; **gutes Geschäft** - reibach; **Geschäfte machen** - masematten; **geschäftig sein** - schafuttken, futtfegen

gescheit - kochum

Geschlechtsverkehr - buijackerei, nabbelei

Geschrei - krajöhl, hallas, bohei

Geschwätz - geseires, seg, rees

Gesicht - jöl, lobbe, löw, mappe, mui, muiken, plafon, ponum, rösch, schmarre, schmiege

Gesindel - boofken, bunken, jannagel, pattjacken

Gestank - ziroche, öhme

gestorben - mulo

Getöse - randale, hallas, bohei

Gewehr - püster; **Seitengewehr** - plempe, plotte

Gewinn - reibach, bewirche

gierig - gattig

Glas - finne (Fensterscheibe); **Glas Schnaps** - quinie; **kleines Glas** - pinneken; **Glas Bier** - lowine

Glück - massel; **Glück im Unglück** - masselbrassel; **glücken** - masseln

Gotteshaus - murmelbeis, murmelschuppen, tiftel

Greis - zitterfeme

Grillhähnchen - lachtaube

grinsen - schmergeln

grölen - schallern

Groll - brokus, rochus

Groschen - bemer, tacken, tack, jut beschine

groß - hame(l), schumm

gucken - dibbern, kneistern, linsen, reunen

gut - jovel, koscher, latschi, schauwe, schi, tofte, töfte, tschi; **gut aussehend** - kurant

H

Haar - porree; **Haare** - ballen

haben - hegen

Hahn - baschlo; **Hähnchen** - flattermann, lachtaube

halb - fiozer; **halbieren** (teilen, halbe-halbe machen) - kippe machen; **Hälfte** - fiozer

Hals - strotte

Hammer - mottek

hamstern - terchen

Hand - fehme, wast(e); **die Hand geben** - die fehme docken

Handel - masematte(n); **mißlungener Handel** - matschove; **Händler** - masematte(n)freier

Handschellen - brasseletten

Handschuhe - mauen

Handwerker - fehmenmalocher, krauter; **wandernder Handwerker** - tippeljöner; **Handwerksbetrieb** - krauter

hauen - burken, mackeln

Haufen (Kot) - wachtmann

Haus - backs, beis, beite, kabache, ker; **baufälliges Haus** - backs, kabache; **Hausbesitzer** - beisseegers

hausieren - talfen, mangen; **Hausierer** - tippeljöner, matschover; **Hausiererin** - tippelschickse; **Hausiererei** - masematte(n)

Haut - bast

heimlich - stikum, stieke

heiraten - gasseln

heiß - chamm, chammerich, chammin

Hemd - staude

Henne - kachelin, sturi

herumgehen - scharwenzeln

herumrennen - jasken

hier - ambach, bekan

Hintern - buhl, mäse, muffe, tokus, tonginus, futt; **in den Hintern treten** - den tokus dellen

Hitze - chamme, chamine; **hitzig** - chammerich, chamm, chammin

Hoden - klöten, koni, asse

Holländer - muffkopp

Holz - kasch

Homosexueller - buhlmalocher, stuppen, tokusmalocher

Hose - bosse, golme, plinte; **sich in die Hose machen** - sich beseibeln; **zerlumpte Hose** - bossmann; **Hosentasche** - gitte

hübsch - kurant, schucker, mucker

Huhn - kachelin

Hund - juchelo, keilof, töle

hundert - mei; **Hundertmarkschein** - mei schuck, meiermann

Hunger - bok, butlak, roof; **hungern** - roofschieben

Hut - bibi, dohling, obermann, obi, stari

Hütte - kabache

I

Igel - stachiringelo

J

ja - emmes, ömmes

Jacke(ntaschen) - jumpfermann, tück, gitte

Jahre - jenikes

Jahrmarkt - schock

Jauche - juhlepani, jülle

jemand, irgendeiner - (so'n) ömmes

Jude - beisrol, keimken, matzeachiler

Junge (sieh auch: Kerl, Mann) - seeger, seegers, seegerling, strigo

Jungfrau - besiele

K

Kaffee - schoklamai

Kahn - pünte

Kalb - egel

Kanal - öle

Kaninchen (Wild-) - jebbero; **Kaninchenbock, Rammler** - rirkel

Kaplan - tiftelkower

Kappe - obermann

kaputt - kapores, machulle, marole, mulo; **kaputtgehen** - inne machulle, in'n tott gehen

Kartoffel - matrele, schummball; **Kartoffelbrei** - matschmatrelen; **Kartoffeln pflanzen** - matrelen verkalliboren

Kater (Tier) - Bolzen

katholisch - tofelmönisch

Katze - matschka

kaufen - bicken, kindigen

Kauz, komischer - quasemann

Kehle - strotte, lobbergasse

kein - lau, oser

Kerl (sieh auch: Junge, Mann) - freier, hegel, jölbst, macker, schauter, schautermann, scheetz, seeger, seegerling, stacho; **ausgekochtes Kerlchen** - zengerling; **dicker Kerl** - bachus; **großer Kerl** - brachus, kaventsmann; **übler Kerl** - stacho, strigo

Kette (Schmuck) - bassel

Keule - eichmann

Kind - koten, balg, blage; **Kinderhaus** (Stadtteil von Münster) - kotenbeis

Kirche - murmelbeis, murmelschuppen, kangeri, tiftel, tiftelbeis

Kirmes - schock, send

klar (richtig) - ömmes

Kleid - schabracke; **Kleidung** - kaftan, kafter, kasialen, kowe, piselotten

klein - koten, tikno; **Kleingeld** - kotenmoos

Klempner - löti

Klo - schont, schont(er)beis, schontker, chinneker, meimelker, seibelbeis, bräse

klug - kochum, mucker

Kneipe - katschemme, katschkedi, lowinebeis, schickerbeis, fuselbeis, pichelbeis, beite, piesel, pinte, schecherie; **Kneipenwirt** - katschemmenkower

Knochen - zomen

Knoten - tötzel; **knoten** - vertötzeln

Knüppel - rebe, schori, eichmann, golme

Koch - speismakeimer

Körper - balg

koitieren - nabbeln, abnabbeln, chaumeln, buijacken, buijen, gammeln

Kopf - küls, rösch, schero, schandussel, möf, newes

kosten - schucken; **kostenlos** - lau, für lau

Kot - schonte, seibel, mailach

Krach - hallas, bambonum

Kraft - schmackes, mumm

krank - chaule, menigge; **Krankenhaus** - teewinde, chaulebeis, schmarrervilla

Kuh - pore, beheime; **ungedeckte Kuh** - besiele

Kündigung erhalten - den trallibus kriegen

kurz - koten; **Kurzer** (Schnaps) - pilo, quinie

Kuß - schumm; **küssen** - (ab)nabbeln

L

lachen, lächeln - schmergeln

lahm - gigger

Land - bendine, mediene

Landstraße - strehle, tippelstrehle

Landstreicher - tippeljöner, pattjacke; **Landstreicherin** - tippelschickse

Landwirt - knäbbel, kneis, hacho, gatschi

Lärm - bambonum, randale; **Lärm um nichts** - figinebambonum, bohei; **lärmen** - krajöhlen, randale/bambonum machen

laufen - pesen, teilachen, beschen, scheften, schemmen, tippeln

Lehrer - schaller

Leib - balg

Leichenhalle - mulobeis; **Leichenwagen** - peigelscharett

leise - stieke, stikum

Leiter - maschores, obermacker

Lied - rees

links, linksherum - linkemai

Lodenmantel - kaffernperser

Lohn - bewirche

los (im Sinne von “hier ist etwas los”) - ambach

Luft, schlechte - öhme, quälme, ziroche

Luftikus - fitzkajöner

Lug und Trug - fiole, figine; **lügen** - puchen

Lumpen - pluren, klamotten

Lust - bock, jontef

Luxus - (hamel) reibach bei lowi

M

machen - makeimen, makeimern

Mädchen (sieh auch: Dame, Frau, Weib) - aneite, anim, chabbor, geue, ginne, ische, kaline, makeime, meite, rackeli, ralliken, romdi, schickse, töle, tschei, schabo; **kleines Mädchen** - animchen, piese, tscheichen; **ungezogenes Mädchen** - ralliken

Magd - knäbbeltrine

mager - träf

Manchester-Anzug - wellbleckkowe

Mann (sieh auch: Junge, Kerl) - freier, hegel, jölbst, macker, scheetz, seeger, seegerling, stacho, schauter, schautermann; **alter Mann** - zitterfeme; **reicher Mann** - dickbalg; **geiler Mann** - buibasko; **junger Mann** - scheetz; **zerlumpter Mann** - schabelünter; **schlechter, fauler Mann** - laumann; **großer, starker Mann** - bachus

Mantel - kaftan, kafter, kaffert, kowe

Mark (Geld) - schuck

markieren - zinken

Markt, Jahrmarkt - schock, send

Masematte (Sprache) - masematte, boofkenrakawele; **Masemattesprecher** - masemattefreier

Mätzchen - figine, fiole

Maul - jöl; **was aufs Maul hauen** - wat aufs jöl dellen

Maurer - speismakeimer, fugenmalocher

Meinung, die Meinung sagen - was ann bast sagen

Mensch, sexuell aktiver (meist von Frauen) - feger

Mensch, unordentlicher (meist von Frauen) - schlör

merken - muckern

Messer - knief, plotte, schori, zachen

Metzger - katzow

Milch - tut, gollof, kolew

Militär - pallemänner, pallemachonen

Mißtrauen - porre

Mist - seibel, schonte

Möhre - mispelfinger

müde - marole

Mund - lobbe, mui, löw

Münzen - jackis

Mutter - alsche

N

Nachthemd - poofekäfterken

Nacken - newes

nackt - blanko

Nagel - zulemann; **nageln** - buijacken

närrisch - kolone, nerbelo

Nase - nak, zinken

Nassauer - lauschepper; **nassauern** - lauscheppen, hügen

nehmen - kappen

nein - lau, oser

nervös - chammerich

nett - kurant, töfte

neun - tess

nicht - oser, lau; **nichts** - lau, laulone, oser, tschi oser; **nichts los** - lau piken; **nichts tun** - laumalochen, quetten

niederträchtig - schofel, mies

nieseln - meimeln

Nische - fuge

nörgeln - brammeln

O

Oberbekleidung - obermeier, kaftan

oh! (Ausruf) - maschemau, mascheminus, modewel

ohne Geld - lau masumm, blanko

Ohr - lauscher

Ordnung, in - schauwe, ömmes, bekane, plane

Ort - bendine

P

paddeln - schöfeln

Papier(e) - fleppe(n)

Parfum - nuttendiesel

Pech - schlammassel

Penis - asse, golme, jori, jorimann, kari, koni, kom, sonnef

Pfandhaus - eckwinde; **Pfandleiher** - bucki

Pfarrer - gallach

Pfeife - schanele, okkulöm

Pfennig - beschine; **fünf Pfennige** - fiozertack, hei beschine; **zehn Pfennige** - bemer, tacken; **fünfundzwanzig Pfennige** - stüberchen; **fünfzig Pfennige** - hei tack, fiozerschuck

Pferd - grei, zossen; **Pferdefleisch** - zossenbose(r); **Pferdekrankheit** - choljes, gleis; **Pferdemetzger** - zossenkatzow(e); **Pferdeschlächter** - zossenpegeler

pinkeln - miegen, meimeln

Pistole - kamangerie

pleite - blanko, marole, lau masumm; **Pleite machen** - abmeiern; **pleite sein** - kein lobi auffe patte haben, ne blanke patte haben; **Pleitegeier** - halbkarötter

Polizei - husche, knispel, mispel, schmier(e); **Polizist** - huschmann, klisto, pringelo, schachani

Portemonnaie - gatte, patte; in übertragener Bedeutung auch: jumpfermann

Portion - macke

Priester - gallach

prima - jofel, jofelino, tofte

Prostituierte - nabbelschore, schechtanim, nabbelanim, nafke, chonte

Prügel - mackes, schmisse

Puff - chaumelbeis, schechtbeis, chaumelker, gurke

Puppe - klunte

Q

Quatsch - schmus; **quatschen** - labern; **Quatschkopf** - laberkopp

R

Rachen - lobbergasse

Rad, Reifen - hassel

radeln, radfahren - kneten, leetzen

Raten (Schulden) - keif, malme

rauchen - quarzen, perzen

rechts, rechtsherum - rechtemai

reden - rakawelen, schmonseln, schmusen, labern

Regen - meimelatur; **regnen** - meimeln, miegen; **stark regnen** - plästern; **Regenschirm** - patze

Reicher - dickbalg; **Reichtum** - hamel reibach bei lowi

Reifen - hassel

rein (sauber) - koscher, pük

rennen - beschen, pesen

richtig, in Ordnung - bekane, koscher, pük

riechen (nach etwas) - miefen, zirochen

Riese (auch im übertragenen Sinne für große Gegenstände) - kaventsmann

Rind - beheime, boker

Ring - bassel

Rücken - ast

rufen - bölken

S

Säbel - plempe

Sack (Hodensack) - koni

sagen - rakawelen, schmonseln, schmusen

Salat - blättling, grünachile

Same, Sperma - lauma

Sänger - schallach, schallermann

Sarg - kolani, machullenpoofe

sauber - koscher, pük

Säufer - schickermann, schickerbolzen, zitterfeme

säumig sein - schlören

Schaf - blöker

schauen - luren, reunen, reunigen

Schaufel - lapane

Schausteller - schockfreier

Scheiße - schonte, seibel; **scheißen** - schonten, bronseln, seibeln; **Scheißhaus** - schont, schont(er)beis, schontker, seibelbeis, bräse; **Scheißkerl** - schontermeier

schick - schucker, kurant

schimpfen - schafuttken, schandudeln

schlachten - schechten, peigeln; **Schlachthof** - schechtbeis

schlafen - firchen, poofen, gammeln, kooksen, pennen, ratzen; **mit jemandem schlafen** - chaumeln, nabbeln; **im Freien schlafen** - platte machen

Schläge - makeime; **schlagen** - ballern, burken, dellen, makeime(r)n, tucken, vermackeln; **Schläger** - makeimer; **Schlägerei** - mackelei, dellerei

Schlampe - pedde, schlör

schlau - kochum, mucker

schlecht - mau, mies, schofel

schleppen - schlören

Schmutz - seibel; **schmutzig** - beseibelt, schlörig; **schmutzige Finger** - futtfinger, wichsgriffel; **Schmutzwasser** - öle

schnappen - kappen

Schnaps - fusel, pilo, quinie, schabau, sorrof; **großer Schnaps** (Hühldöpp) - piro; **Schnapsglas** - pinneken

Schnee - jit

schnell - hennig, tacko

Schnitte (Brot) - karo, knierfte, kille, killemaro, schmuckille

schnorren - hügen, lauscheppen, belgen; **Schnorrer** - lauschepper; **Schnorrerei** - hügerei, lauscheppe

schön - jofel, kurant, latschi, schucker, tofte, schi, tschi

Schornsteinfeger - masselfreier, masselseeger

Schuh - masmine, massmeier, meierling, tirche, trittchen; **Arbeitsschuh** - masmine; **Kinderschuh** - masminchen

Schulden - keif, malme; **Schulden haben** - einen strang anner malme haben; **Schuldner** - malmeler

Schulter - ast

Schutt - frallermänner, pünte

schwanger - pattisch

Schwanz (Penis) - jori, jorimann, sonnef, asse, golme, kari, koni, kom

schwänzen - blau machen, quetten

Schwein - bali, gammet, chasselmann, schassor; **Schweinchen** - schassörken

schwindsüchtig - menigge

Schwung - karacho

sechs - woff

sehen - dicken, dibbern, kneistern, knispeln, muckern, reunen, reunigen

sehr - hame(l)

Sekt - finzel, nobelpani

Sensenmann - mulopenk

sieben - söjen; **siebzig** - schiwwem

singen - schallern, challen

Sippe, Sippschaft - mischpoke

Soldat - pallemann; **Soldaten, Militär** - pallemachonen

Sonne - lorenz, klara

Spanner - lurbruder, reunfried

Spaß - jontef, fez

Spatz - geitling

Spazierstock - eichmann, krückmann, golme, rebe

Speck - mast

Speise - achile

Spektakel - randale, trallafitti

Spielreifen - hassel

Spinner - nerbelofreier, nerbel(o)köster, nerbeloschauter, stußmann

Sprache - rakawele; **Masematte als Sprache** - masematte, mase

sprechen - rakawelen, schmonseln, schmusen

Stadtstreicher - berber, pennbruder

Stadtviertel - bendine, ker

Stall - kabuff

stechen - burken

stehlen - gannefen, kappen, klemmen, lellen, linken, link machen, schoren, sierften, tappern

Stein (vor allem Ziegelstein) - backmann, backi, frallermann

Stempelgeld - burklobi; **stempeln gehen** (arbeitslos sein) - burken

sterben - peigeln, mulo/machulle gehen, abmeiern

still - kaduck, stieke, stikum; **Stille, Stillschweigen** - stieke

stinken - zirochen, miefen, öhmen

Stock (Spazierstock) - krückmann, eichmann, golme, rebe

Straße - strehle, patt; **Straßendirne** - tippelschickse; **Strassenstrich** - tippelstrehle, talon; **Straßensänger** - schallermann

Streit - bambonum, stoof, randale

Strich (Prostitution) - talon; **auf den Strich gehen** - auf den talon teilachen/tippeln; **Strichjunge** - strigo

Stück - fiers, heib, macke, vers; **kleines Stück** - klodde

T

Tag - dewes

Taler (drei Mark) - ratt, ratte

Tanz - schwoof; **tanzen** - schwoofen, scherbeln

Tasche (Jacken- und Hosentasche) - chatte, jumpfermann; **Taschendieb** - pattenmalocher

tatsächlich - ömmes

Taube - mönert

Taugenichts - laumann, gammelfreier

täuschen - beseibeln, figine/fiole schieben; **Täuschung** - figine, fiole, magente, schmuh

tausend - elof; **Tausendmarkschein** - telofe, tilloveiler

teilen (im Sinne von halbe-halbe machen) - kippe machen

teuer - jackes, jauker

Tiefbau - lapanenmaloche

toben - rengstern

Tod - mulo, mulopenk

Toilette - bräse, chinneker, meimelker, schont, schont(er)-beis, schontker, seibelbeis

tot - kapores, machulle, mulo; **töten** - machullen, mulo machen, mulo dellen, mulo makeimen

treten (beim Fußballspiel oder Streit) - stikken

trinken - pieren, schasken, schickern, verkasematucke(l)n; **Trinker** - schickermann, schickerbolzen, flachmannfänti, zitterfeme; **Trinkerei** - schickerei; **Trinkgeld** - schaskelobi, schickerlobi, schickermoos, kowerlowi, bachum

Trottel - stußmann

Trubel - bambonum, bohei, remmidemmi

Trumpf (beim Kartenspiel) - jack

Trunkenbold - schaskemeier, schickermann; **Trunkenheit** - dictus

Tuch, wertloses Zeug - plur(r)en

Tür - paze

U

übel - mau, mies, schofel

übernachten - poofen, pennen, platte machen (im Freien)

überreden - belabern

überteuert - gattig, hamel jackes

Uhr - kabane, osnik

Umgebung - bendine; **nähere Umgebung** - ker

umsonst, für nichts - blau, für lau

Unglück - schlamassel

unklar - mau

Unsinn - schmus, stuß, tinnef

Unterhemd - untermeier

Unwahrheit - schmus

V

Vagabund - tippeljöner; **Vagabundin** - tippelschickse

Vagina - minsch, schmu, fuge, futt

verderben - vermasseln

verdienen (Einkommen) - bewirchen; **Verdienst** - bewirche, reibach

Verehrer - frinsel

verhauen - vermackeln

verheiraten - vergasseln

verkaufen - verbicken, verballern, verkindigen, verschachern, verschebbern, verscherbeln

verletzen - machullen

verlieren (ein Spiel, einen Kampf) - verkimmeln, vermasseln; **verloren** - pote, plete, verratzt; **Verlust** - hessich, laubewirche

verrückt - dinnlo, kolone, mennige, meschugge, nerbelo, tirsch, tralli, manoli, ticksmenigge; **Verrückter** - nerbel(o)köster/-freier/-schauter; **Verrücktsein** - tralli

Versager - wahli

Verschlag - kabuff, kaschott

verschwenden - verquättken

verschwinden - plete böschen/scheften/teilachen/gehen/hauen, pote sein, verschibbra gehen; **verschwunden** - plete, pote, verschibbra

verstecken - verkalliboren

vertrinken - verschasken, verschickern

Verwandtschaft - mischpoke

verwirrt - nerbelo

Vieh - beheime

viel - hame(l)

vier - dollar

Visage - schmiege

volltrunken - pegelschicker

Vorarbeiter, Polier - maschores, stößer

vorbei - plete

W

Wächter - maschores, schmier(e)

Waffe (Feuerwaffe) - ballermann, kamangerie

Wagen - wuddi, jole

wahrnehmen - muckern, dibbern

Wandergewerbeschein - kasaf

Ware - sore; **gestohlene Ware** - sore; **schlechte Ware** - tinnefschore

warm - chamm, chammin, chammerich; **Wärme** - chamine, chamme

Wasser - pani; **schmutziges Wasser** - juhlepani, öle; **Wasser-**

waage - panibengel, paniknüppel

weg - krick, pote, plete, verschibbra

Weg - patt, strehle

weglaufen - plete beschen, krick latschen/böschen, platte reißen, die platte putzen, stiften gehen, den abschäft machen

wegnehmen - dallen

Weib (sieh auch: Dame, Frau, Mädchen) - tucke, ische; **zänkisches Weib** - zirachenanim, zirachentier, zirachentofle; **Weiberheld** ischenpoussierer

Weide (Viehweide) - mewe

weinen - plannigen, flennen

wenig - klodde; **Wenigkeit** - klodde

Werkzeugtasche - schasklamöne

Wert - schauwe; **wertvoll** - schauwe

Westentasche - tück

Wettbüro - bucki

Wirsing - zomenlappen

Wirt - kower, katschemmenkower; **Wirtin** - kowerin, kowerine, bedi(e)ne; **Wirtschaft** - katschemme, piesel, fuselbeis, pichelbeis

Wissen - zerche, schmackes

Wohnwagen - treiler

Wurst - bezinnum

Wut - brokus, rochus; **wütend** - spee, brastig; **wütend sein** - brast haben, rochus hegen/haben

Z

zahlen, bezahlen - blechen, beribbeln, beschucken, beschollen, besummen

Zähne - heiers

Zauber, fauler - figine, fiole, brimborium, schmuh

zechen - schickern, schasken

Zeh - zömerling

zehn - jut; **zehn Pfennige** - bachum, bemer, tack, tacken; **Zehnmarkschein** - jütermann

Ziege - isse

Zigarette - fluppe, primangelo, zichte; **selbstgedrehte Zigarette** - gefriemelte; **Zigarettenkippe** - hugo, jif

Zigarre - böhm

Zigeuner - zinti; **männlicher Zigeuner** - zintiseeger; **Zigeunermädchen** - zintianim, romdi

Zimmer - kabuff; **kleines Zimmer** - käfterken

Zorn - brokus, rochus; **zornig** - brastig, spee

Zuchthaus - fuge, granigen(beis), schemmbeis, matschove

Zug - tralli

Zuhälter - lude, strigo

zwanzig - kaff; **Zwanzigmarkschein** - kaffermann

zwei - bes

zwölf - jutbes

ANHANG: ZAHLEN

1	olf	20	kaff
2	bes	30	lammert
3	kimmel	40	[memm]
4	dollar	50	nun
5	hei	60	[sammech]
6	woff	70	schiwwem
7	söjen, sore	80	schmonum
8	schess	90	[tischem]
9	tess	100	mei
10	jut	1000	elof, telofen

Die sonstigen Zahlwörter werden nach dem Prinzip einfacher Aneinanderreihung gebildet. Muster: 11 jutolf, 18 jutschess, 21 kaffolf et cetera; 270 besmeisschiwwem; 1200 elofbesmeis.

V. LITERATURHINWEISE

Neben dem Hinweis auf Editionen von Masemattetexten enthält das Literaturverzeichnis ausgewählte Literatur zur Masematte und Wörterbücher der masemattetypischen Spendersprachen Jüdischdeutsch, Sintes/ Romanes und Rotwelsch. Eine wissenschaftlich fundierte und verständliche Einführung in die Masematte ist in Textbuch I (S. 1-9, alte Masemattezeit) und in Textbuch II (S. 13-26, zur heutigen Masematte) abgedruckt.

Masematte-Texte

Klaus *Siewert* (Hg.), *Es war einmal ein kurantes anim* ... Textbuch Masematte, Münster / New York 1990, 2. Auflage 1991 (unveränderter Nachdruck der 1. Auflage 1990), 3. verbesserte Auflage 1993

Klaus *Siewert* (Hg.), *Und wenn sie nicht machulle sind* ... Textbuch Masematte II, Münster / New York 1992

Karl *Kassenbrock*, Emmes, seeger. Masemattegeschichten mit Federzeichnungen von Ernst Kassenbrock, Osnabrück 1989

Untersuchungen

Wilhelm *Dege*, Über die Speismakeimer-Sprache auf Baustellen in Münster (Westf.), in: Rheinisch-westfälische Zeitschrift für Volkskunde 9 (1962) S. 111-121

Hartwig *Franke*, Zur inneren und äußeren Differenzierung deutscher Sondersprachen, in: Zeitschrift für Dialektologie und Linguistik 58 (1991) S. 57-62

Klaus *Siewert*, Boofkenrackewele. Prolegomena zu einem sondersprachlichen Wörterbuch, in: Akten des 27. Linguistischen Kolloquiums. Münster 1992, Tübingen 1993 (in Druckvorbereitung)

Klaus *Siewert*, Masematte. Zur Situation einer regionalen Sondersprache, in: Zeitschrift für Dialektologie und Linguistik 58 (1991) S. 44-56

Margret *Strunge* - Karl *Kassenbrock*, Masematte. Das Leben und die Sprache der Menschen in Münsters vergessenen Vierteln, Münster 1980

Wörterbücher der Spendersprachen

Wilhelm *Gesenius*, Hebräisches und Aramäisches Handwörterbuch über das Alte Testament, 17. Auflage 1915, bearbeitet von F. Buhl, H. Zimmern, M. Müller, O. Weber, unveränderter Neudruck Berlin 1991

Rudolf von *Sowa*, Wörterbuch des Dialekts der deutschen Zigeuner. Abhandlungen für die Kunde des Morgenlandes 11, 1, Leipzig 1898, Nachdruck Nendeln 1966

Werner *Weinberg*, Die Reste des Jüdischdeutschen, Studia Delitzschiana 12, Stuttgart - Berlin - Köln - Mainz 1969

Uriel *Weinreich*, Modern English-Yiddish / Yiddish - English Dictionary, New York 1968

Siegmund A. *Wolf*, Jiddisches Wörterbuch. Mit Leseproben. Wortschatz des deutschen Grundbestandes der jiddischen (jüdischdeutschen) Sprache. 2. durchgesehene Auflage, Hamburg 1986

Siegmund A. *Wolf*, Wörterbuch des Rotwelschen. Deutsche Gaunersprache. 2. durchgesehene Auflage, Hamburg 1985

Siegmund A. *Wolf*, Großes Wörterbuch der Zigeunersprache (romani t™iw). Wortschatz deutscher und anderer europäischer Zigeunerdialekte. 2. durchgesehene Auflage, Hamburg 1987

Wer juchelt so spät durch die Meimelatur? Was kneistern die Döppen, ein Hacho nur. In der Feme er fest seinen Koten hält, Damit der Jölbst nicht vom Zossen fällt.
... Goethes' Erlkönig auf Masematte.

Das Textbuch enthält neben literarischen, historischen, lokalgeschichtlichen und fiktionalen Texten Ansprachen, Einladungen, Leserbriefe, Gästebucheinträge sowie Bildtexte in Masematte, jener Münsterschen Sondersprache, die zu den Rotwelsch-Dialekten des Deutschen zählt. Die Texte stammen aus dem Archiv schriftlich überlieferter Masematte, das vom Herausgeber dieses Buches und Leiter der 'Projektgruppe Masematte' aufgebaut worden ist,

In der Einleitung wird die Masematte sozialhistorisch und sprachlich erläutert, echte alte Sprecher kommen zu Wort. Bemerkungen zur Edition der Texte, Quellenverzeichnis und Bibliographie zur Masematte erschließen das Buch und ermöglichen vertiefte Einsichten.

KLAUS SIEWERT (HG.)

ES WAR EINMAL
EIN KURANTES ANIM...
TEXTBUCH MASEMATTE

Waxmann

182 Seiten, br., 2. Auflage 1991, ISBN 3-89325-067-0, DM 29,80

Waxmann Verlag GmbH
Steinfurter Straße 555
48159 Münster

Waxmann Publishing Co.
P.O. Box 1318, New York
NY 10028, USA

Textbuch Masematte 2

Ich böschte hin,
Ich divverte,
Ich dellte sie machulle.

Caesars Kraftspruch „veni, vidi, vici" auf Masematte: Münsters Sondersprache macht sich mächtig...

Das Textbuch II ist die Fortsetzung der mit dem Band „ES WAR EINMAL EIN KURANTES ANIM..." begonnenen Edition und Dokumentation schriftlicher Masematte. Es enthält neue oder bisher unentdeckte Masematte-Texte. Sämtliche Texte sind mit einer Übersetzung versehen und im Quellenverzeichnis nachgewiesen. Eine Bibliographie der neuesten Veröffentlichungen zur Masematte schließt den Band ab.

113 Seiten, br., 1992,
ISBN 3-89325-114-6,
DM 24,90

Waxmann Verlag GmbH
Steinfurter Straße 555
48159 Münster

Waxmann Publishing Co.
P.O. Box 1318, New York
NY 10028, USA

Am Beispiel der Hexenverfolgung in Münster in der frühen Neuzeit geht die vorliegende Studie der Frage nach, wie eine zivilisierte Gesellschaft in Krisenzeiten ihre - vorwiegend weiblichen - Außenseiter behandelt. Etablierte Gesellschaften scheinen demnach als Sündenböcke für erlittenes Unheil Menschen auszuwählen, die sozial isoliert sind, sich wirtschaftlich am Rande des Existenzminimums befinden und die keine formale Bildung haben. Wurden solche außerhalb der Norm stehenden Personen der Zauberei bezichtigt, so hatten sie in den Prozeßverfahren so gut wie keine Chance, ihre Unschuld zu beweisen und der grausamen Bestrafung zu entgehen. Die ausgewählten historischen Beispiele stellen somit eine eindringliche Warnung davor dar, den Unsicherheiten des gesellschaftlichen Umbruchs mit der Verhetzung und Vernichtung unbequemer Zeitgenossinnen und Zeitgenossen zu begegnen.

ISBN 3-89325-053-0

Münster
New York

Sabine Alfing

HEXENJAGD UND ZAUBEREIPROZESSE IN MÜNSTER

Vom Umgang mit Sündenböcken in den Krisenzeiten des 16. und 17. Jahrhunderts

WAXMANN

Das Buch ist eine Dokumentation mittelalterlicher Handschriften, die heute in Münster und Umgebung aufbewahrt werden. In allen Fällen handelt es sich um frühe Zeugnisse der deutschen Sprache, die teilweise erst jetzt entdeckt worden sind.
Die jeweiligen Stücke werden nach den Einzelheiten der Überlieferung beschrieben, Arbeitsweisen, Fragen und Ergebnisse werden erörtert, Hintergründe hergestellt. Die Abbildungen der Originale machen den Wandel und die Vielfalt der deutschen Sprache über acht Jahrhunderte hinweg unmittelbar sichtbar und geben Einblick in Formen der Überlieferung. Hinter den einzelnen Stücken scheint mittelalterliches Leben durch: Man begegnet Schreibermönchen in klösterlichen Skriptorien, Geistlichen und Germanen im Recht, Benediktinerinnen beim Osterspiel, betenden und beichtenden Laien, rheinischen Rittern auf Pilgerfahrt.
Eine ausführliche Einleitung, Verzeichnisse der Literatur und der Fachwörter erschließen den Band. Damit ist das Buch nicht nur für Fachleute, sondern auch für Lernende und Laien zugänglich.

131 Seiten, br., 1991, ISBN 3-89325-086-7, DM 24,00

Waxmann Verlag GmbH
Steinfurter Straße 555
48159 Münster

Waxmann Publishing Co.
P.O. Box 1318, New York
NY 10028, USA